紫微斗數運盤解盤密法

【紫微斗數名人解密】

莊正文——著

自序

命理界最神奇的紫微斗數，其精髓莫過於「忌」，這是研究三十年斗數，最深刻的體悟。

長久以來，華人對忌字尤其排斥，印象裡，除搭配無忌可用，如童言無忌、信陵君魏無忌，唐朝權相長孫無忌，或金庸小說倚天屠龍的張無忌等，其它忌的文字、語言則令人悚懼。

創建紫微的先祖，卻運用「忌」的智慧令人讚嘆。雖然忌的使用讓解盤變得困難，但藉由忌和命運的躍然紙上，加大了紫微的風采和精準。

可惜，長期用來解析的案例，多數屬於不知名的問命者，以致後續的驗證及追蹤很不容易。而本書引用大眾熟悉的名人做為範例，透過老莊獨創的運盤，讓斗數變得簡單，不再如同瞎子摸象、半推半猜。

只要善用運盤＋「忌」的祕法，絕對讓您功力大增，無論新人、老手抑或解盤迷惘者，必能醍醐灌頂。縱然不是斗數的愛好者，也能當個八卦版看看。

想知道：首富運盤如何超級值錢？席捲全台的H總，遭港都封殺的運數？秀場天王罹癌，仍要拼命賺錢的隱情？爆橘拳的背後，一妻五妾為何暴走？掏空自家航空的負心漢，小天使真要苦等？還有出軌被抓的名嘴議員？從斗數觀點，絕對滿足大家知的權利。

作者：莊正文，別名老莊，雖無璀璨命理淵源，卻革新斗數創建運盤，從台灣算到大陸、香港及仰光。若需製盤解盤服務，掃描QR。著作：《大師不傳的紫微斗數密碼》

目錄

自序……2

第一章　命盤革新……8

第一節　命盤與運盤的區隔……12

第二節　地垣基礎……18

十二地垣……18

地垣三合……19

地垣六沖……19

月令五行……22

第三節　月時定命……25

第四節　六親宮闈……29

父兄概念 29
愛情宮概念 31
子女宮概念 33
論命準確度 36
社交宮精論 43
第五節 14主星 54
主星佈局 54
主星延伸 57
四方進階導讀 63
三合進階導讀 66
第二章 掌握運數 70
第一節 化與數 74

第二節　化數法則…………79
一、陰陽不動…………79
二、陰陽各動…………83
三、陰陽互動…………87
四、陰陽沖體…………91
五、陰陽碰太極…………96
六、陰陽沖兩儀…………100
七、伏象聯動…………103
第三節　生忌格局…………112
一、四馬忌…………112
二、桃花忌…………116
三、入庫忌…………121

四、忌轉忌……128
五、飛霜忌……132

第三章 名人解析……140

範例一 成也新聞、敗也新聞……143
範例二 非戰之罪……159
範例三 天使蒙塵……173
範例四 七（齊）人之福……188
範例五 死神降臨……204
範例六（上）霸主前（錢）傳……216
範例六（下）霸主稱雄……226
範例七（上）半天折翼……251
範例七（下）驚鴻一瞥……267

第一章

命盤革新

第一章 命盤革新

前言

解盤並無特殊，充其量，是名熟能生巧的解說員，看盤說事如同把脈，要有點類似望、聞、問、切本事，方能順命推敲、依運解套。

然命、醫專業迥異，斗師答覆症狀、起因，卻無用藥本事。況且論命推運，解決方法唯有仰賴命主、別無其他。據聞命理可幫人改運？別人如何，老莊不知？但筆者只會解盤，其餘的一概不通。

宮位是症、星主是因，想瞭解問題的癥結，星、宮、象的熟悉不好忽略。可惜原需要斗師製盤、解盤的面紗，逐漸被科技取代。現在只要按按手機、敲敲電腦鍵盤，任何命盤、飛星、四化，網路上都有資料可查。

筆者先前拙作《大師不傳的紫微斗數密碼》，也有基本星、宮、象佈局，和星族分析及解盤技巧，讀者如有興趣可選擇參考，至於運盤的妙用，仍要透過本書闡釋。

本書圖檔原是彩色，因印刷緣故無法如實呈現，但範例附圖精彩、不好錯過，尤其主角內有韓國瑜、郭台銘、豬哥亮、雷洪、韋汝、羅友志及陳彥伯等。讀者可到**部落格下載保存：https://joe328119.pixnet.net/blog/post/28617677**

至於誰是誰？賣個關子，請依書內容對號入座。**密碼：8888**

第一節　命盤與運盤的區隔

開始接觸紫微，相信一定經常墜入五里霧中，有看沒有懂？除了向專業斗師取經外，想要自學似乎很困難？

斗數的創建和學習，過程的確有些難度，首先百來顆虛擬星辰的背誦、佈局及理解讓人卻步，再者十二宮職的定義及寓意也令人頭痛。

尤其傳統斗師用的命盤，講的是星宿的互動，如果想查核大運或流年，三合派除了增添運曜及流曜，四化派也能利用宮干，將祿、權、科、忌紛飛出去。

可惜透過限、流四化飛來飛去、變化莫測，容易產生模稜兩可、是是而非的惡感。若非努力鑽研，想給自己或別人解盤無疑癡人說夢。

受限龐大的排列組合，且複雜的空間論和時間觀，短期想從命盤管中窺豹不太可能。除非天資聰穎、閱盤無數，否則光憑密密麻麻的圖表，不單有走火入魔的痛苦，若推斷錯位更是誤己害人。

命盤的表面資訊，畢竟佔斗數很小、很小的部分，多數隱藏版內容，盤面是看不到的，要透過宮、象推敲，方能接近真象。想學好斗數，除了看圖解字，製盤能力還是不可欠缺。

特別是老莊從基礎命盤中添加宮化，使它成為一張動態式運盤。請看附圖18-57頁104，各宮皆齊備科、權、祿、忌的宮化提示，其中壬子本命宮主星巨門，副星除輔弼、昌曲，其餘皆能省略不用。

攸關化的部分，除了宮化還有生化，本命宮化則依照**附圖一**導入：祿入梁福、權入紫疾、科入輔財和忌入武田，直接解決宮、象不透明的困擾。至於生忌是何

意、宮忌又如何?解答如下:

命有生忌，表示命主先天具備悲觀想法，縱然外在行為未必如實呈現，但仔細觀察命主，必有杞人憂天、猶豫不決特徵。所謂瞻前顧後，看似有責任心，但內心卻仍有些不如意感受。

至於宮忌則歸納後天，屬於人生運勢的關鍵，從命忌入處，表示命主對該宮人、事、物，存在既在乎且願意付出的動向。所以命忌入武田，可理解命主是一位關心家庭的人，不過這種態度，必須透過後天學習，而非如生忌與生俱來。

天干	化祿	化權	化科	化忌
甲	廉貞	破軍	武曲	太陽
乙	天機	天梁	紫微	太陰
丙	天同	天機	文昌	廉貞
丁	太陰	天同	天機	巨門
戊	貪狼	太陰	右弼	天機
己	武曲	貪狼	天梁	文曲
庚	太陽	武曲	天府	天同
辛	巨門	太陽	文曲	文昌
壬	天梁	紫微	左輔	武曲
癸	破軍	巨門	太陰	貪狼

四象

附圖一

綜合上述運盤觀察，解答時就能從飛星走勢，直接探索各方事物。至於宮化怎麼來？是透過附圖一「壬」干，梁、紫、左、武的四類化象變化出來。

再以附圖18－5，頁104的命宮E忌為例，忌入武田就是透過武曲，把忌的能量飛向田宅宮去（關心、原因），而負能量則往子女宮沖去（衝撞、結果）。

往好處看，命主由於過份關心家庭，會把一切不正常的兩性關係杜絕於外。後遺症則是，對子女的照顧、投資項目、合作夥伴等，則易有不關心或無緣指標。

雖然這些舉動會惹來爭議，但身為巨子族者，就是有能耐利用外界爭議吸引目光。不過遺憾的是，這輩子也較難擺脫：成也蕭何，敗也蕭何的糾纏。

藉由這種記錄式的運盤，可瞭解各宮星主本職、宮化，攸關大運、流年也能隨時探索。只要在宮職處，額外再備註運、流宮，各階段的時間作用就會浮現。

這看似簡單的添加四類宮化動作，卻是讓命盤活盤化的革命性突破。

又譬如該附圖的戊申財帛T，是命主23－32的大運情宮。當完成運宮佈局，就能套用宮化佈置出「宮沖命之體」或「運宮沖本宮」等諸多訊息。

從財帛T所變化的大情T，發現忌入機遷的文字，代表：大運情忌入本遷的指示，意謂第三運的**大情沖本命**，將成為該區段對命主最大的阻力。而流年也能複製相同模式，查核該年度可能發生的徵兆。

只要使用特製運盤，任何刁鑽星、宮、化都難以遁形，接著就憑藉專業知識，開始談星論斗。即使剛入門，只要依循步驟，就無須管全部虛擬星辰。

譬如三合、中州同好，只要熟記14主星，佐以四吉輔弼、昌曲足矣。若有額外廣泛用途，再斟酌其他譬如羊陀、火鈴乃至紅鸞、天刑等。當然飛星、欽天的愛用者，也能繼續使用傳統命盤，不過推盤者心裡清楚，其困難度不是幾句話可以形容。

如果採取改良式運盤，直接理解主星、昌曲、輔弼等飛宮，就無需再理會某些無關緊要的星曜。終歸飛星派本就重視宮職、化象，只要具備基本功，再透過化數與命盤結合，藉由「忌」的巧門，初解命盤，並非遙不可及。

傳統命盤，並無法快速、直接破解宮化、運、流，縱使經驗老道的命師，也常因為斗轉星移、缺東少西。每每解答命盤需要命主提問，再被動依盤推算，每張盤解下來猶如大考般傷神。

但老莊改良後的飛宮運盤，為求和傳統命盤區隔，以運盤稱之，若使用它，無論斗師何時排盤，皆能迅速深入象數（飛星），探索運勢、掌握未知。

好處更無庸透過命主發問，開門見山就能解決疑惑，依據趨吉避凶指示進行人生規劃。

第二節　地垣基礎

【十二地垣】

本節為新手區，已入門者可直接跳過，進入第四節六親宮篇。未解盤前，要知道什麼是地垣？命盤空格為十六個等比劃分，中間四格，充作資訊記錄用，其餘十二等份即稱為地垣。

依照順時鐘方向：「子→丑→寅→卯→辰→巳→午→未→申→酉→戌→亥」等比分佈，這十二處便是初始地垣（附圖二）。

巳垣	午垣	未垣	申垣
辰垣	地垣定位		酉垣
卯垣			戌垣
寅垣	丑垣	← 子垣	亥垣

附圖二

就命盤言，地垣屬於唯一且必然樣態，不會再隨出生資訊更迭。初始骨架已成，支局屬性便無需透過外力，自身就會產生能量。以下介紹幾種基本組合：

【地垣三合】

合有兼融、增加助益的意旨，區分三合、六合兩類。其中三合又稱全合，乃地垣最強結構。每個三合均由三處地垣組織，依照「子辰申」、「丑巳酉」、「寅午戌」、「卯未亥」併合。三合的互補最常使用，至於六合，則在斗數進階或特殊狀況時參考（附圖三）。

【地垣六沖】

每處地垣的對面均稱「沖」，若科，權、祿三化坐落，則化名為「映」不以

巳垣
午垣
未垣
申垣
辰垣
火局三合
酉垣
卯垣
戌垣
寅垣
丑垣
子垣
亥垣
巳垣
午垣
未垣
申垣
辰垣
金局三合
酉垣
卯垣
戌垣
寅垣
丑垣
子垣
亥垣
巳垣
午垣
未垣
申垣
辰垣
水局三合
酉垣
卯垣
戌垣
寅垣
丑垣
子垣
亥垣
巳垣
午垣
未垣
申垣
辰垣
木局三合
酉垣
卯垣
戌垣
寅垣
丑垣
子垣
亥垣

附圖三

沖論，並有轉化、庇蔭等功能，如為「忌」或自化權時，對宮才以「沖」或「破」視之。

沖有衝撞、傷害之虞，所謂忌入不害、最怕忌沖（參考附圖四）。至於流年，則按照地垣數目、搭配生肖，而該處地垣即是該年的流年命宮。

子＝鼠、丑＝牛、寅＝虎、卯＝兔、辰＝龍、巳＝蛇、午＝馬、未＝羊、申＝猴、酉＝雞、戌＝狗、亥＝豬。

至於後續天干、人屬、事宮職位，或主、副星辰、大運流年等，也是依照十二地垣的基礎佈

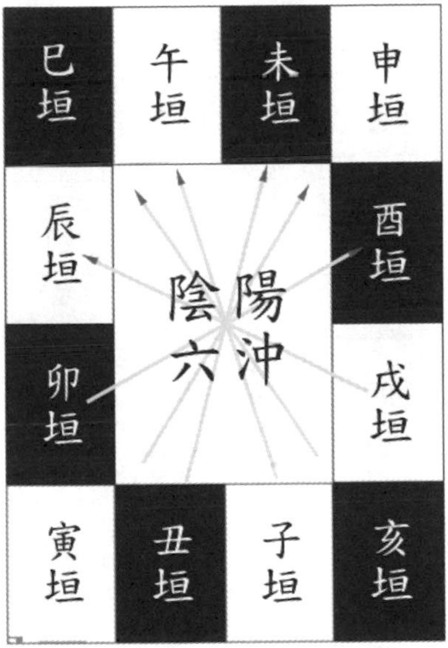

附圖四

局（附圖5－1）。

【月令五行】

就地支而言，子為首、亥為末，若以十二月令論，歲首正月在寅垣，請讀者務必牢記，否則後續命宮佈局，恐將混淆。

附圖 5-1

一年之計在於春，陰曆每逢正月初一為春節，春季身居一年之始，必然百花齊放、欣欣向榮。而寅做為元月的緣由就在此處，至於十二月令請參考附圖5－2。

東方春暖，甲、乙青木，為寅、卯、辰當春首。南方炎夏，丙、丁赤火，以巳、午、未作仲夏。西方秋殺，庚、辛白金，依申、酉、戌立秋宿。北方冷凜，壬、癸黑水，坐亥、子、丑屬冬地。最後中央黃土，戊、己，分藏於辰、未、戌、丑等四處（參考附圖6－1）。

既知寅、巳、申、亥為四季、四行之首，據生機盎然的初生，便名為四長生，或忙碌如馬奔騰的四驛馬稱之。

卯、午、酉、戌則歸納；

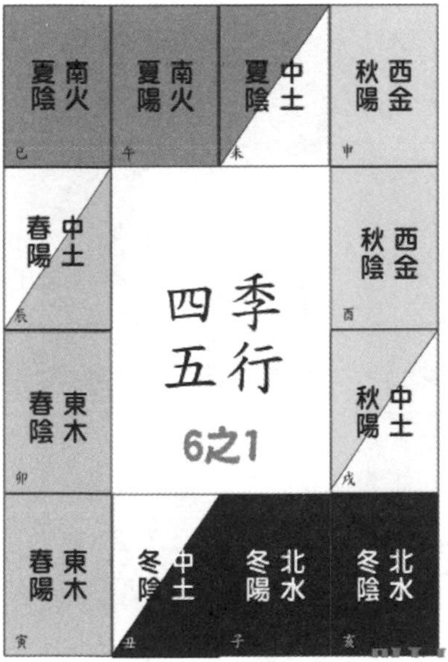

附圖 6-1

附圖 5-2

四季由盛轉衰之境，盛如帝旺、桃花緣開，但身繫盛極轉衰之境，故號四旺、四桃花地。

　最終伴隨季末月終，四庫或四墓地，便由辰、未、戌、丑等地專屬（附圖6－2）。

附圖 6-2

第三節 月時定命

斗數之所以是斗數，乃斗與數的區隔，斗是星辰，數是宮內四化的更迭。坊間常說的飛星其實飛的是宮，而不是星。請務必將各職宮名、順序熟記，否則無論推敲命盤或運盤，肯定老虎、老鼠傻傻分不清楚。

說明宮職前，先分享命宮定位，算命難、難在印證，斗數苦、苦在知名人命盤不易取得。西洋星座，只要生月、生日即可定義星盤，大把、大把的名人事證用之不盡，才流行到東方幾年，就成為命理顯學。

八字則不然，少了時辰資訊，姑且能算之，不過終究少個胳臂、缺條腿，準確度也大打折扣。而斗數則因月、時定命，一開始若欠缺時辰，壓根兒連命宮在哪都不知道?還算個什麼東西?

綜觀斗數、八字流傳千年，仍缺乏實際名人案例而困擾，受關注度也相形失色，最後還被好事者，冠上江湖術士「美」名。

月、時定命，乃依照陰曆出生的月、時，找到命宮。從附圖7－2得知寅為正月，依順行次序卯是二月、辰是三月到丑則是臘月。只要依照出生月，從該宮子時算起，逆行回

附圖 7-1

附圖 7-2

推到出生時辰，就能找到命宮位置。

譬如正月、辰時出生，寅垣是正月開始算，逆行回推子↓丑↓寅↓卯↓辰時就是戌垣，它就是本命宮（附圖7－1）。又假設八月、卯時出生，八月是酉月，逆行再回推子↓丑↓寅↓卯到卯時，命宮即在午垣。（附圖7－2）

如果看不懂請用附圖八，使用月、時定命方法多練習幾次就可以了，或直接參考附圖八的位置也行。一旦學會，就可以把附圖七給丟了。

月時	正月	二月	三月	四月	五月	六月	七月	八月	九月	十月	冬月	臘月	月時
子時	**寅**	卯	辰	巳	午	未	申	酉	戌	亥	子	丑	子時
丑時	丑	**寅**	卯	辰	巳	午	未	申	酉	戌	亥	子	丑時
寅時	子	丑	**寅**	卯	辰	巳	午	未	申	酉	戌	亥	寅時
卯時	亥	子	丑	**寅**	卯	辰	巳	午	未	申	酉	戌	卯時
辰時	戌	亥	子	丑	**寅**	卯	辰	巳	午	未	申	酉	辰時
巳時	酉	戌	亥	子	丑	**寅**	卯	辰	巳	午	未	申	巳時
午時	申	酉	戌	亥	子	丑	**寅**	卯	辰	巳	午	未	午時
未時	未	申	酉	戌	亥	子	丑	**寅**	卯	辰	巳	午	未時
申時	午	未	申	酉	戌	亥	子	丑	**寅**	卯	辰	巳	申時
酉時	巳	午	未	申	酉	戌	亥	子	丑	**寅**	卯	辰	酉時
戌時	辰	巳	午	未	申	酉	戌	亥	子	丑	**寅**	卯	戌時
亥時	卯	辰	巳	午	未	申	酉	戌	亥	子	丑	**寅**	亥時
月時	正月	二月	三月	四月	五月	六月	七月	八月	九月	十月	冬月	臘月	月時

附圖八

第四節 六親宮闈

【父兄概念】

人事宮職乃命盤骨架，也是論斷事由的主要根據，它的佈局很有意思，其中人、事各佔半數，透過宮職位的羅列順序，彷彿人生縮影。

請跟隨老莊講解，再按照各處附圖的舉例，逐一找尋落點的六親。

人的本位為命，命宮即首宮

附圖 9-1

（附圖9－1），任一人必受父母所生，因此命宮的上宮就是父母。所以父母宮即扮演原生家庭的最高階，至於兄弟姐妹的手足位，則隸屬平階血緣的第二關係（附圖9－2）。

當分配斗數宮職，命宮後的次宮，就安排手足（舊稱兄弟宮）。從附圖9－2的位置，命宮扮演父母、手足的橋樑，從命宮動向，可理解父、兄兩宮的互動。

附圖 9-2

六親中的上父、下兄，是無法仰賴個人意志選擇，特別是現代社會血脈越濃、情緣越薄，關係越密切、感覺越疏離，這或許是時代進步所挾帶的副作用。

【愛情宮概念】

人類經由愛情滋潤，父母的角色和地位，順其自然就被情人取代。於是比對9-3和9-4圖表，能清楚發現，當愛情宮出現，父母宮便替換了名稱。

不得不讚嘆，發明斗數的老仙覺，不單把親屬關係巧妙地安排入宮，還把諸多人性隱匿其中。尤其運用太極循環的原理，讓研究者根據同一宮位，做出不

附圖 9-3

附圖 9-4

同層次的分解。現在情之田如此，後續子之官亦是如此。

這也說明，探討婚後家庭的內涵，為何要從情之田的父母宮著手，道理就是這麼來的。所以婚後無論自組或折衷家庭，父母宮的屬性依舊不變。

人類談戀愛時，乃七情六慾最精彩的展現，歡欣時可以愛之欲之生，討厭對方又能恨之欲之死。為了和這無血緣關係者談情說愛，既能遠離父母、拋棄手足，當幸福來臨，又可以自顧自的和真命天子（女），邁入婚姻殿堂。

多數人當然得以互許衷心、伴隨一生，只是走霉運時，除了讓身心佈滿傷痕，愛情也會提早跨進墳墓。既然愛情令人歡愉，但每當跌入痛苦深淵，卻也少不了它。

【子女宮概念】

當決定自組小家庭時，代表另一階段的啟動，而兩性陰陽交融昇華，更屬身心靈最棒的狀態，眾生美其名將生命延續，許為愛的結晶。而子女宮，就尾隨愛情宮來到斗數第四順位（附圖10－1）

子女的降臨，屬身心靈的水乳交融，是再自然不過的生命傳續。當研究個人情慾，或順延而下的晚輩，都可以經由本宮理解。但做為子女位的父母，也就是愛情，卻從這端開始，盛極而衰的走下坡去。

寶貝誕生後，攸關他（她）的所有，堆砌著滿滿媽媽經、爸爸經。這說不完、道不盡的舐犢之愛，如果往家庭深處換個窗口，就看到透過分工照顧、教養的夫妻，開始產生莫名其妙的口角及磨擦。

終究小倆口多了「愛」的共同體，即便魚水歡愉依舊，卻無法回到以往熱戀時的似漆如膠。

儘管夫妻雙方、甚至第三方的祖父母，都樂意從小傢伙的角度；探討美好未來。可是身為子女避風遮雨的家庭，仍偶發地藉由溝通、妥協、和樂及指責畫面，令小寶貝的成長環境，發生蝴蝶效應般的影響。

不過這避風港，並非意指命宮，而是婚後建構出的家庭，也就是父母宮。從附圖10－1與

附圖 10-1

附圖 10-2

10－2對照，讀者應該能夠發現，父母宮成為婚後家庭的必然性。

若把子女當主角，「它」的家庭，好像應以子之田的命宮，做為他的家庭？其實多數人，常把命盤的人屬性宮位，視為真正生命，彷彿子女宮是用來研究子女的一切？

這觀點有些謬誤，除了命宮外，其餘親屬如父母、手足、愛情、子女，或對外的社交，都是以命宮外的「它」，做為和命宮趨式聯結的研究。如果硬把人的宮位視作「他」而非它，從星辰的基礎或可以嘗試。

當星斗未經由化象潤飾，用來理解性格最好不過，但宮位是宮職，並非活脫脫的生命。而化象則是透過宮與宮的交流，賦予的起、承、轉、合寓意。

所以四化飛的是宮、而非星，如果照舊要講究飛星，可把星辰定義，套用在該宮內的星斗，再透過宮入、宮出的指標，給予明確的闡釋。

而命盤既然是用來研究命主的「我」，當然是以我的婚姻後家庭，也就是父母宮，做為子女最安全、穩定的舒適環境，所以父母宮權充他的氣數位、再好不過。

至於子之田的命宮，屬於「它」的父母和財庫，代表命宮的自己，乃提供子女方的所需，因此命宮是人，是個無條件供給子女資源的工具人。

而婚後家庭的父母宮，則隸屬子女宮的氣數位，攸關該宮的運氣好壞，當然要藉由父母宮理解。

【論命準確度】

很多人很想瞭解，紫微斗數究竟準不準?筆者常回答：「如人飲水、冷暖自知。」

事實上，解盤是看圖說事，只是這事，是問盤者的人生縮影，說的好自然故事精彩，講得差備受爭議。研究命盤，開頭可引用星斗解析性格，或以簡單事證做為序曲。

假設連邊都沾不上的起頭，說得模模糊糊、似是而非，接下來的看圖說事，恐怕也沒啥意義。畢竟前事都論不清，後事必也不準。攸關命主的未來軌跡，可不是光憑臆測可以敷衍塞責。

歸納命盤不準的緣由？常見幾項原因：

一、問盤者出生時間失真。
二、問盤者文不對題、不懂如何問？
三、問與解兩方資訊不對稱。
四、解盤者缺乏正確認知和方法。

上述過程都會導致潛在問題，越描越黑，要讓解盤者，主動依據命盤說得滴水不漏，那是騙人的。斗數講的是機率、是趨式，如同天氣預報、股市分析、警廣播送，都是傳達可能發生的樣態，而非鐵口直斷。

由於受制人或時間、空間參數，不可控的元素也會進化成變數，所以斗數敘述的是相對而非絕對。

回到準不準的問題，按照經驗，宮位若以我宮定義，譬如內宮的命、財、疾、官、田等，推估者往往能十中八九。反之若依六親的兄、情、子、社、父，他們的未來變化甚大，假如單一採取個人的命盤推敲，老實講那叫胡言亂語。

原因出自兄、情、子、社、父，皆非源自我的生命，掌控權必屬於他而非「我」。至於我的命盤算「我」都不一定百分百準，還能算到他人去？

這話若針對歷來紫微準則，聽來似乎有點怪怪的，但是攸關他人趨勢，當然要從他的命盤推算，而非源自命主的斗盤推敲。

攸關盤中的六親宮職，均表示是用命主的角度，模擬出來的「它」方角色定位。也就是這些「它」，將與命主產生某趨勢的聯結。

所以類似這些擬人化的宮職，是命主和「它」的事件起因、過程及動向，而不是把它獨立出來，做為活蹦亂跳的生命或某個人去瞭解。

所以六親是「人事」而非單指個人，它是一群可能發生的狀況而連接的方向，或有極大可能，某事件將和某宮位的人等相關。譬如父母宮的原貌定義父親，而母親則落在父宮的愛情位，也就是手足宮，這類說法充滿矛盾。

因為出發點，就是把父母宮當成活人參考，很多立論聽起來沒錯，卻忽略父宮或替代母宮的手足宮，都緣自「我」的命盤。難道活生生的母親，不應該由她的命盤去研究、去延伸、去瞭解？

生命是獨特，如何從他人命盤弄出一條，甚至好幾條或無數條，明明是手足，還能替換成母親，非但母親沒有專宮，還被推來推去。難怪婆媳問題無解，原來愛情都住有其宮，而唯獨母親卻被排擠，在父、兄兩宮遊走。

無怪乎斗數被視為神數？原來生命是可以無限複製，很多人竟算得不亦樂乎。更有好事者，弄啥大姐宮、小弟宮，甚至連大姑、小姨、親叔、母舅也能入宮，厲害了我的老天鵝。

老莊也要爆個料，父母宮的背後，暗藏的其實是母親而非父親，您信嗎？（其實還真的是這樣）

不管父、兄、情、子、社，若以人論，本不應該源自「我」的命盤，若用我盤切割出去、是捨本逐末。反之應把六親宮替代成「為我」，再引導「它」成為對我的趨勢，得到的數據才是應有的結果。

以手足為例，它乃財之田，代表銀行，以疾宮立太極，兄乃疾之官，為身體的氣數位，於是又充作壽元專屬宮，如此作用，才是回到研究「我」的型態。

而本是該探討兄弟姐妹的宮位，卻從「它」的左右，區分出兄弟往左、姐妹靠右的大哥、小妹宮。甚至還有兒子、女兒宮，難不成身為爸爸、媽媽，不知道子女出生數據，反要從自己的命盤，去推敲他(她)的生命進程?

諸如這類鬼話，很多人還深信不疑，難道親生子女，不應該為他(她)製作一張獨立命盤?或許在古代，運算斗數真的太貴，算不起的家庭，只好共用一張命盤。

又譬如愛情，如果放棄以人做單位，改採感情觀或婚姻狀況，情宮自然回歸成「它」對待「我」的準則。難不成連愛侶的出生資訊都拿不到?那聽老莊的勸，早點分手，否則他（她）太神祕了，神祕到連出生資訊都難以捉摸。

所以想探索任何人的生命旅程，自然要從他的命盤著手。不知道時辰，請到戶政單位洽詢，登記戶口是要出生證明好嗎。或學學老莊用運盤推敲，後續範例，許多名人就是從資料庫對照出來的。

因此情之田的父母宮，當然象徵結婚後的家庭，如果誤判成配偶的夫家或娘家，解說時就容易失焦。如果想理解配偶的夫家或娘家，應從配偶命盤裡的田宅去瞭解不是嗎？

讀者雖然看的輕鬆，豈知十年磨一劍的辛苦。所以斗數並無準不準的疑問，而是解盤者用的方法對或不對。

不要動不動就汙名化斗數，重點是自己犯低級錯誤，而非斗數規則不對。

再者攸關第二家庭的好壞，除了關乎子女位的氣運、養成教育，更受奶奶庇護的氣數宮。以上老莊所言，都是以宮位串聯出的擬真故事，請讀者記好並瞭解，不要再把這些宮職當作某個人理解。

畢竟老莊不認同用絕對生命角度，去研究六親宮，命盤探索應都是以「我」的趨勢，而宮名的運用，則是前賢用生活化的人事物冠名，而非意指該宮，真的隸屬某些特定人士使用。

【社交宮精論】

當子女宮佈置完成後，這六親的內親部分，已經全數搭建完成。

排列上，除了有高深學問，從父母宮起至子女宮一氣呵成，從附圖裡的圖示，甚至可用同氣連枝形容。

通常同好對一、九氣數，習慣以命、官舉例，這是世人對命、財、官的偏好造成。但誕生於古代的斗數，雖多數為王公將相服務，但絕非專為達官貴人發明。

雖說不識文字，無法窺探紫微聖殿，國學不佳，基礎也就七上八下。但前賢仍希望士子，能夠把將相本無種的精神化作契機，於是提供一套趨吉避凶，讓世人轉危為安、更上層樓的方法。

而斗數便是藉由理解「我」的方式，仰觀帝星，俯察市井，並將斗、數兩造結合，待有緣人承先啟後。

豈知士子、官宦非但不流傳民間，竟拿神數內爭外鬥，終被大明開國皇帝給收繳，否則連他兒子編纂永樂大典，都不見斗數其名。直到近代亂世，才由大陸逃難到台、港後興盛，如今又從港、台返回發源祖地。

所以請把六親看成「它」，本質亦圍繞在離不開我，老莊特別把地垣縮成正方，並將六親位移了移角度，讓各位明白，社交宮的立論究竟為何？（附圖10－3和10－4）

社交舊名奴僕，是個非常封建的名稱，從宮名得知，舊社會解盤和問盤者的地位。當學術不普及的年代，算命師再怎麼不濟，也絕非胸無點墨的

附圖 10-3

附圖 10-4

文盲。然而時運不濟，遭科舉、仕途排擠，只好流落民間、仰賴算命營生。

但尋常人家，偶爾取取名、測測字，就了不得，壓根兒不知斗數這門學問的厲害。畢竟紫微乃錦衣命理，並非尋常布衣能親算或得之，以致於能掐會算的斗數人，地位雖未必高，眼界卻是不俗。

由於問命者非富即貴，也只有這群人配得上有僕役，然而既是僕役，地位低人好幾等，連母親都不見有其宮名，憑啥奴僕擁有個專門包廂？

所以別被奴僕二字給騙了，如果光看**附圖10－3**，或許因角度看不出所以然，但從**附圖10－4**的社交兩側，理應可以猜出箇中原因。

應該這麼說，僕役、命宮的地位原本平等，甚至除命宮之外，它還勉強算是可以引用特定「人」的觀點，去看待的特殊宮位。

跟著老莊，搭乘時光機返回古代，就知悉什麼人才會用到遷移，又是何等人才有官祿。

答案揭曉，當然是那些赴京趕考抑或踏入仕途的貴顯之人，才用得到官祿、遷移兩處宮位。

或許您會想問，那經商的商賈不也要用到遷移？在斗數創建的遙遠年代，即使沒得考究，也比明、清兩朝久遠。姑且不論士農工商地位，如果需要用到遷移的商人，能算是富商？畢竟販夫个等同經商。

無疑是舉人要入州府或京兆科考，抑或榮登進士榜後、分發衙所才需用到遷移，別再犯傻的問：普通的農家、工商子弟不也要遷移？

在未登龍門的寺或棧中，有大把機會遇到同為考生的士子，而這些陌生士子，進了考場就是對手，入了官場莫不是同黨便是敵人。所以別瞎扯蛋再問，在宦海浮沉的年代，他們為什麼不團結？

就連假民主之手，行軟性獨裁的今日，中央大員都只顧著大啖「蔬菜」意志、不問疾苦，逼得地方官，總因口罩、疫苗、快篩被整得如「陳蔡」、「絕糧」般痛苦。大好環境都團結不了，何況：唯帝、相意志是從的年代，還不鬥個你死我活。（OS：自己去看官場現形記，不過每天新聞也有得看。）

假設同為進士出身，又身處任官、調遣的相逢，既討厭對方又需敷衍的煎熬場面、何等精彩。於是乎，想要瞭解對手又苦無他的命盤，姑且就藉由社交宮，勉為其難的推算一二。

也就如此，短暫把對手視為奴役，圖個自爽、自嗨的意境。畢竟生辰八字，對古代官宦、世家可謂不可說、也沒法說的禁忌，倘若膽敢窺探皇家的出生數據，那可是要殺頭的罪。

所以除了家族命譜可記錄在案，其餘均無洩露或知悉的管道。這便是社交被分配到遷移、官祿兩宮間的緣故，但最初社交名究竟為何？已無從查考。也不知哪個狗拿耗子的，恨此宮恨得牙癢、手癢，一下子把社交跌價成奴僕。若用率土之濱，莫非王臣的概念，老莊猜測，應是那朱元璋幹的，不過這是題外話。

請從**附圖**10－4看（頁45）：社交宮處於另外五宮的對立面，宛如兩軍對峙列陣，而社交也形成被六親宮唯　摒除在外者。

所謂一人得道，雞犬升天，說的便是古人透過科考，邁入仕途的過程。亦是家族存亡，或取得其他士族尊崇的不二法門。畢竟士族嚴謹，尊卑制度無從取代，甚至家族好一大部分的經濟來源，還要仰賴上位者的俸祿及供給。

既然關乎整體親屬，必須同氣連枝的抵擋，甚至對付外來社交者。除非有朝能得到該宮人庇護，獲得做官、升遷，否則不管其資歷、能力，基於人上人的病態作祟，攸關社交人眾，一律貶低，視為卑微之人。

時至今日已大不相同，不再把社交當作敵手，諸多人事物也講究人脈。如果社交宮旺，倒可以利用它一飛沖天。畢竟網路時代，網紅要的就是點擊率，而網路平台交易，更要依賴社交人眾觀看及下單。

當新時代來臨，只會加重社交份量，譬如社之官（氣數）的子女宮，其人緣桃花顯得異常重要。因而也成為另類情慾的觀察點，這是原先斗數並未開發的處女地。

然多數自由國家，已仰賴選舉成為國家主人，除了少數集權、霸權或自相殘殺的邦域。殊不知：道高一尺、魔高一丈，「公僕」儼然是政客，用來欺瞞選民的話術。

選票，依舊神聖卻已鏽跡斑斑，唯有投票那刻似乎還像個政府主人，一旦激情過後，卻發生選錯一人，竟跑出一堆敗選者、半獸人，搖身一變成為奴役我們的高官。如果這是民主，您不覺得毛毛的？

當然有少數對公職或議士身分具備高度熱誠，攸關社會觀感會格外自愛，不過地位越高的主政者，越喜歡用哄騙、梗圖、網軍攻擊或帶風向。畢竟使用科技博取同溫層青睞，是省錢又快速的騙票工具，當然這也突顯社交眾的重要。

於是斗數界已鮮少再使用奴僕二字，甚至有同好把它稱為朋友宮。雖然從小被教育人民是主人，官員是公僕，但執政者仍不時把社交眾視為奴僕。即便場面話看似尊重，但內心的不屑及傲慢，仍不經意從口語、表情浮現。

譬如「難道阿扁錯了嗎？」「我不是來了嗎？」「台灣的假真的休太多了。」諸如此類。

老莊用敘事的方式介紹六親宮，目的是讓讀者引用故事邏輯，把宮位順序熟記，並從中理解六宮基本操作。特別的是，當推敲大運或流年，各階段仍要把所有12宮位，重新佈置（附圖10－5）。

除了熟悉順序，還要清楚各宮對於「我」的基本關鍵。（附圖10－6）不管任一數盤或命盤，當星斗固定後，宮位會隨著時間，按目標又再次轉換。

讀者練習推盤，如果無法迅速入盤或找到宮位，錯亂感會上身。一旦迷失宮象，後續事證或起因，會失焦而失準。因此事宮很重要、很重要、很重要，要重複說三次，才代表它真的很重要。

田宅
官祿
社交
遷移
福德
疾厄
宮 職
定 位
10之5
父母
財帛
本命
手足
愛情
子女

附圖 10-5

房產
事業
社交
外務
智慧
健康
唯 我
宮 識
10之6
家庭
財務
本命
銀行
愛情
桃花

附圖 10-6

第五節　14主星

【主星佈局】

主星排列順序，有紫微、天府兩大系統，紫微群由帝星領銜，分別是「**紫微↓天機↓太陽↓武曲↓天同↓空一格↓空二格↓廉貞**」（附圖11－1）等，按照逆時鐘方向佈置在命盤，上述佈局方式稱逆行佈局。

天府群由順時鐘的順行佈局，依次**天府↓太陰↓貪狼↓巨**

附圖 11-1

門↓天相↓天梁↓七殺↓空一格↓空二格↓空三格↓破軍（附圖11－2）。

有了紫微、天府佈局標準，就可以建構基本星盤，把左、右兩張附圖重疊，即形成最原始的星圖。

附圖 11-2

在紫、府二帝的寅垣中，如果套上命宮，依逆行次序**手足↓愛情↓子女↓財帛↓疾厄↓遷移↓社交↓官祿↓田宅↓福德↓父母**，一份基本命盤就完成了（附圖12，頁58）。

雖然主星佈局看似簡單，但老莊要您絕對熟悉各星斗的對應關係，這張初始星圖，隨著紫微、天府星群的各自逆行、順行，每一步都會變化出一種基本盤面。

或許讀者會覺得奇怪，很多附圖都運用寅垣做出發點，因為不管宮位佈置，主星羅列或月份落腳，創造斗數的前賢，就是以寅做為準則。

譬如用月時立命的法則，正月、子時不就是寅坐命宮嗎？14主星落點，也唯有紫微、天府安置寅垣（申），所有地垣才不至於產生空宮。

最後十二事宮佈局完畢，請嘗試把星主所處宮位逐一搭配，該宮位就是星主掌管的原始職權。14主星的化氣，也是依職掌做出標準。

例如紫微帝星化氣為尊，尊就是以命為老大，天府身為帝之佐貳化氣為令，於是由紫微發號司令，天府執行。而廉貞化氣為囚，乃因廉貞身居官祿正主，管理所有公權力，具備無上約束人的力量。

天相則化氣為印，為官祿副主，印就是副署、簽核。當帝相發出命令，天相就尾隨正主執行官權，正主未現，印則代行、佐理證明。如古代聖旨必有御璽，官書則須署印，就連現代的正式公文，若無落款還是不行。

又如月令以寅為正月，木、火、土、金、水五行又以木為首，木即寅垣。再者如東南西北中五方，東方之起始亦屬寅，甚至攸關後續宮化象的依據，也依照五虎訣所立，而虎就是寅呀！

【主星延伸】

紫微、天府一個往右，另一顆則往左上，各自走了六步就會來到申垣（紫微在申），這帝相兩星再次相遇，而盤面則和初始星圖相同。其實差異，就只是上下星辰對調（附圖16，頁65）。

巨門 巳 田宅宮	廉貞 天相 午 官祿宮	天梁 未 社交宮	七殺 申 遷移宮
貪狼 辰 福德宮	原始 命盤 附圖十二		天同 酉 疾厄宮
太陰 卯 父母宮			武曲 戌 財帛宮
紫微 天府 寅 本命宮	天機 丑 手足宮	破軍 子 愛情宮	太陽 亥 子女宮

附圖十二

由此可知，當紫、府星群各自跑入申垣，又衍生六個基本盤面。這六個基本面，若上下對調，又是六個額外盤面。若以此做為基礎，從紫微在寅……直到延伸至紫微在丑，就有12個基本星盤。

後續星圖，逆行紫微星群以黑色標示，天府星群則用紅色。至於每盤均備有12處宮垣，若再將每個宮位，設定成命宮，那12×12＝144的星族誕生。

如果把單一主星定義成單子族，那麼雙主星者就稱為雙子族。假設是紫府坐命，由於是雙主星即雙子族，取個名字就叫紫府族。因為紫微在前，故列入紫微系（附圖13－1）。午垣有個

附圖 13-1

廉相組合，既屬於雙子坐命且廉貞在前，老莊便納入廉貞系、廉相族（附圖13－2）。

至於單一主星坐命，均以主星＋地支命名，譬如紫微在寅的附圖14－1，依逆時鐘次序，全數以命宮視之，分別：紫府族、機丑族、破子族、日亥族、武戌族、同酉族、殺申族、梁未族、廉相族、巨巳族、狼辰族，最終月卯共12族。

再從反向的紫微在申理解，附圖14－1和14－2，除位置顛倒，其餘排列順序完全一樣。既然寅垣由七殺領銜，那麼雙星組合的紫府，就變成府紫在申的府

附圖 13-2

紫族，而廉相在午，也自然由相廉在子的相廉族替代。

以下星族分別是：殺寅族、梁丑族、相廉族、巨亥族、狼戌族、月酉族、府紫族、機未族、破午族、日巳族、武辰族和同卯等12大族（附圖14－2）。

特殊的是，144星族，由於君權紫、武、廉獨坐時，對宮一律是貪狼，因而當三星和貪狼共組雙子族時，對宮必是空城，倘

附圖 14-1

附圖 14-2

若和軍將殺、破聯手，則無此項疑慮。

例如君權和七殺共組，對宮必是天府，假設與破軍共行，對宮則換成天相。這是因為七殺、天府永成對立，破軍則與天相恆久遙望。

至於其他雙主星搭配時，對宮通常沒有主星，尤其參謀星主皆如此。那命中無主星，又該如何稱呼？就以對宮雙主星做基礎。

譬如紫微在丑為例，寅垣因紫微向右逆行，而天府往上順行形成空城。對宮申則有天梁、天同雙主，那麼這現象就稱之為空曜系、梁空同族（附圖15－1）。

附圖 15-1

反之同梁在寅的紫微在未，則隸屬同空梁族（附圖15－2）。空曜系群佔據144族的36個名額，在斗數13個系中，空曜系佔最大宗。

附圖 15-2

【四方進階導讀】

14主星乃斗盤靈魂，為了方便記憶，除用系、族命名，老莊特地把日本人套用的封神角色，改採三國名人重新詮釋，請參考舊作，可以得到更實質的星性和佈局脈絡。

透過星性、人物組成，老莊還將主星分成主導、參謀兩大系統，每個系統也各自存在72個星族。

從紫府族看（附圖16－1）最原始的星盤，七殺坐落在紫府對宮，若改觀看紫殺族（附圖16－3），天府則坐落在紫殺對宮。

由於七殺隸屬天府星群一員、永遠相對，當紫、府各行其道，順、逆行至對立宮，天府、七殺位置自然互調。

讀者可從附圖16重覆比對，這個概念非常重要，如果搞懂，所有星盤自會了然於胸。

這表示，不管是雙主星並行，或單主星獨坐，請優先觀察地域，是位處四馬、四桃或四庫哪個範圍（附圖6－2，頁24）？

仍以紫府為例（附圖16全圖），對宮七殺亦同時身處四長生地，只要當紫微、

巨門
廉貞 天相
天梁
七殺
貪狼
雙紫 子府
16之1
天同
太陰
武曲
紫微 天府
天機
破軍
太陽
太陽
破軍
天機
天府 紫微
武曲
雙府 子紫
16之2
太陰
天同
貪狼
七殺
天梁
天相 廉貞
巨門
附圖十六
紫微 七殺
天機 天梁
紫殺 星族
16之3
破軍 廉貞
天相
太陽 巨門
貪狼 武曲
太陰 天同
天府
天府
天同 太陰
武曲 貪狼
巨門 太陽
殺紫 星族
16之4
廉貞 破軍
天梁 天機
破軍
七殺 紫微

附圖 16

天府、七殺這三顆星，各自坐於於寅、巳、申、亥的四長生地，必產生絕對關係。

所以當紫殺步入巳垣，天府自然移往府亥，倘若把次序顛倒殺紫轉入亥，那麼天府自然遁入巳垣。

由於紫微、天府本就各自反向佈局，於寅垣合併，在巳垣遙望，從申垣相逢，最終亥垣又似牛郎、織女，看得到碰不著（依圖16－1 2 3 4）。

【三合進階導讀】

再看附圖16－1紫微三方，財宮有武曲，官宮有廉貞，由於武曲、廉貞屬於黑色紫微星群佈局，永遠成就三足鼎立之勢。它們又同時具備不同性質的君王特徵，故定義君權三星，人物也順勢改成紫微（劉備）、武曲（孫權）、廉貞（曹操）。

再從附圖16－3紫殺族，得到紫、武、廉永成三方驗證。

至於七殺、破軍、貪狼，則歸納同一類的天府星群，佈局上也永成三方。從紫府、紫殺兩張星圖，能輕易比照。透過七殺帥才、破軍果敢、貪狼儒將，均皆帶不同程度將氣，軍將三星非它們莫屬。人物也由七殺（關羽）、破軍（呂布）、貪狼（司馬懿）分別擔綱。

至於天府（諸葛亮）、天相（魯肅），則永恆成犄角，斗數裡的觀察方式，有逢府看相、逢相看府不可單看的定律。這一榮俱榮、一損俱損的兩顆巨星，不就和孔明、子敬相彷，老莊就命名成宰輔雙星。

以上八顆星辰合稱主導系統：君權：紫、武、廉，宰輔：府、相和軍將：殺、破、狼，共組成的72個星族。剩餘六星則是富貴：太陽、太陰、天梁，智囊：天機、巨門、天同，則適用第二類參謀系統名稱。

雖然星數較少，也同樣組成另外的72類星族，人物依序是：富貴太陽稱日主貴（周瑜）、太陰名月主富（貂蟬）、天梁則清貴（趙雲），智囊天機主思敏（賈詡）、巨門掌舌燦（楊修）、天同則為聰慧（劉禪）。

別小看這簡單的人物的應用，如果熟知三國人物事蹟，對於理解14主星的特質及星性，還有日後分析各系星族，將具有決定性幫助。

三方四正除應用在宮位，熟記星辰也非常好用，好像剛才介紹的紫、武、廉和殺、破、狼，每組雙星有必然的四正關係。

例如紫府族和紫殺族，當寅垣存在紫府，府紫也立所於對宮寅垣，當紫、府遙望，巳垣紫殺也會變成亥垣殺紫。

記住！只要把四正星的佈局弄懂，144個基本星盤，就全數烙印心底，只要假裝掐指，就能像真的大師一樣。

第二章

掌握運數

第二章 掌握運數

前言

人之所以算命，無非寄情希望，或改變不滿意人生。事實上命有定數，運卻無垠，若身處劣勢，未必不是振衰起敝的契機？

頹勢固然不好，要嘗試借助低潮扭轉觀念，若利用算命改變人生，那是迷信，並非對生命的期許。如果對未來還存留一絲醒悟，運數自能指點迷津、擘劃遠景。

本章乃斗數飛宮的靈魂，任一節均與本書後續四化導讀相關，請務必熟記、熟用，才能配合精心挑選的範例及附圖。以下介紹五類常用象數符號：

1.◎：自化。例如：權◎＝自化權，祿◎＝自化祿。

2.↓：飛入。例如：A↓B＝A飛入B，命↓遷：命飛入遷。

3.↘：映沖。例如：A映↘B、A↘沖C＝映↘上、↘沖下。

4.↗：◎破。和映、沖共用，不過↗破，為專屬權自化用。

5.↓↑：類自化。A↓B再A↑B＝A↓B↗沖A＝A↓↑B。

第一節　化與數

有人說星曜是皮骨肢架，宮垣表臟腑之精，四化則靈魂知神，無論如何詮釋，都是缺一不可的斗數元素。不過令斗數成就神數的幕後功臣，四化確實功不可沒。

「化」是變化簡稱，四化就是科、權、祿、忌，表示四種化象的型態，有同好喜歡將它譬喻成星，然而化是能量、是磁場、是變化，而非單一具備五行的虛擬星辰。

當它反映生命，本應「有」的態度及方向，並依照佈局規矩安置某宮垣，該宮將體現「化」的鮮明特徵。除讓命主對該宮關注變多，此生的運用及付出，亦會在有生化之處，形成命運局部改造。

生化坐落的位置，表示該宮存在「變」的動向，反之若無四化駐立，則歸納為靜態宮，標識該宮能量伏隱，因應吉、凶趨勢，也遠比出現四化的宮位平穩。

當賦予太極、兩儀意涵，四化是四象，科是少陽、權乃老陽、祿表少陰、忌則老陰。套用四季，科是春生、權乃夏盛、祿表秋收、忌則冬藏。祿乃蘊釀利益的初衷，權表積極奮進的奔馳，科為理智防危的抵擋，忌則承擔結果的收斂。

從因果探討，星盤屬靜、表象為因，就名稱而言，紫微斗數的紫微二字，便是藉由紫微星做主導的哲學，星辰稱「斗」，按各級虛擬星辰羅列，命盤就是斗盤。斗盤可探討命造縮影、性格趨向，所以斗盤屬因的由來。

而數是何物？「數」乃數理之數，而非學術之術。事實上，斗數的更迭就在四化變數。它和數學類似，以參數做基礎，透過邏輯推演、運算結果，當設定好四化元件，命運謎底就呼之欲出。

至於四化參數，乃利用生年、事宮、限運、流年等四大領域，透過不同層次的更迭，抽絲剝繭出「運」的趨勢。

所以**星↓斗↓因↓命**，是一種由靜轉動的群組，而由**化↓數↓果↓運**，屬於另一類由動入靜的事域。透過斗、數不斷互動，成就太極盤至兩儀宮和各類不同層次的科、權、祿、忌等四化象。

靜↓星↓斗↓因↓命↓動

動↓化↓數↓果↓運↓靜

生年四化（生化）的形成，攸關先天命格的好壞，所以宮位有生化，表示該宮活潑度多於他宮。然命盤＋生化僅表示命造初期，象徵此生蒴影，既不賦予變化也缺乏明顯運程，需經由各宮、大運、流年飛化才好詮釋。

生化雖然無法與未來等量齊觀，但攸關大運及關鍵流年，仍要借重生化昇華後的伏象觀察。至於各類事宮的太極及兩儀，也需依託生化，才能詳實推敲。故以生化做為斗數四大天王，自有它的道理。

四化有其對偶及等量觀，兩化相存、互依才有共生，既是互動共生也表示互止共滅。何謂互動共生？簡言之，有初始、才有末終。

譬如祿、忌是對偶共生。祿是秋收前的開始，忌則冬藏後的成果。所以秋祿是因、冬忌為果，就是互動演繹的共生。反之若欠缺秋收自然沒有冬藏，這樣周而復始的輪廓，擘劃人生的因果互動。

假設祿是靜止衰敗，忌自然傾向莫可無奈的滅絕。既然祿、忌是因、果的必然互動，需經由啟動才好應驗，若祿的特徵隱晦，忌的意向必曖昧。

由此可知，生祿的實用多寡，影響後期生忌有無，若生祿印證不足，生忌的探討也將避重就輕。至於科、權屬另一組的共生，請自行套用祿、忌概念解讀。

人類自出生後的顯、隱，從初始、過程乃至結束，牽一髮、動全身，所以光憑環境及父母基因，自可判斷八字相同者，必有不一樣的人生。

老莊會盡量以同質性接近的方向、範圍傳達，對於四化參數的理解務必透徹，否則後續必無法適時、適切的搭配命運休咎。

假使把斗數當作生涯規劃、再好不過，但如果只把它視為算命工具，那就大可不必，畢竟鐵口直斷式的命理，並不適合斗數。

第二節 化數法則

科、權、祿、忌四化，有它的基本寓意，且經過化+化的配合，會演繹諸多分門別類的的變數及異數。攸關化的定律及規則，不能不清楚。以下列舉幾項常用法則：

【一、陰陽不動】

說明：宮有陰陽本質，隱藏其中的化，透過天干附身於星辰，若停留原宮A（陰），不往他宮B（陽）飛入，即【陰陽不動】。

符號一：「◎」，現象別名：自化。

符號二：「↘」，現象別名：映、沖、破。

符號二說明：↘若用在科、權、祿，以上「映↘」為記，忌則用下「↘沖」表示，而權自化則屬於「↘破」。

圖例：附圖17－1福德宮祿A，內有貪狼，透過戊干幻化出祿、權、科、忌，對應「狼」、月、弼、機（附圖一）。福德宮祿已尾隨貪狼留在本宮不動，這種星、宮不變得原理叫陰陽不動＝◎＝自化。

符號公式：A祿◎＝A祿◎映↘B財。

現象別名：A祿自化或自化

附圖 17-1

祿，加個宮名，就是福自化祿或福祿自化。

又例如財帛A，透過宮干甲幻化祿、權、科、忌，各自對應廉、破、「武」、陽四星。財宮科順隨武曲，依然停留本宮不動。

符號公式：A◎科＝A科◎映↘B福。

現象別名：財科自化或財自化科。

自化屬於本宮的四象磁場內聚、不出，蘊藏以本「宮」為主的利己能量。由於欠缺分享，無論科、權、祿、忌逢之，均以大變化看待。如遇大運、流年，更是變幻莫測、不易預測。

但不管自化權◎或自化忌◎，除本宮受影響，對宮亦會承擔嚴重負荷，甚至受創，當中權◎更以破耗論處。

符號公式：忌◎「沖」某宮＝A◎忌↗沖B（某宮）。

權◎「破」某宮＝A◎權↘破B（某宮）。

案例導讀：參考附圖18－5，H總的運盤有三個宮有具備【陰陽不動】自化現象。請務必熟記並熟練名稱、符號及公式，以下列出現象名及符號公式：

遷移A有權自化◎↘破命＝A◎權↘破O。

官祿B有忌自化◎↘沖情＝B◎忌↘沖H。

福德C有祿自化◎映↘財＝C◎祿映↘T。

以上三處均表示H總，擁有雄厚的利己能量，尤其遷移A有生科X，福德C擁抱生權Z，又額外賦予不同層次的生化磁場。

例如遷移A的權◎，代表H總在異域時的自信、執行力會增加。不過◎權的過度自信，亦形成一股莫大壓力，進而給本命O造成威脅（A◎權↘破O）。當處理個人形象、外務或攸關交通安全，容易把好事做壞。

幸好遷移A的生科X，提供化險為夷能量，當面臨危難或執行遷移諸事，一併獲得貴人相助。如果生科化身伏科，更有意想不到效果。

【二、陰陽各動】

說明：四化源自兩儀、四象化身，並藉由天干附身星辰，若原宮A位（陰），往他宮B（陽）飛入，即稱【陰陽各動】。

符號公式：「↓」現象別名：飛入。

現象說明：A飛出↓B飛入，B又以隱的方式入↓C，兩宮看似A動B不動，其實A是主動為顯，B則被動屬隱。於是A↓B乃顯性陽，B再轉入↓C為隱性陰。中間還有個A、C的間接關係，即A↘C亦屬隱性。

完整公式：A↓B↓C＝A↘C。再者A↓B分屬陰陽，而A↘C則各屬陰陽。不過A↘C關係，雖間接卻實屬運盤關鍵，影響更勝A↓B或B↓C。

圖例：附圖17－2的本命宮A，透過丙干幻化祿、權、科、忌，分別附於同、機、昌、「廉」。宮忌既附身廉貞，並從官祿B找到廉貞星落點，再藉由官祿B↓C的隱形飛入，最終串成A↘沖C。

這種A↓B與B↓C及A↘C的聯結，統稱【陰陽各動】，加上宮名，就是命忌入官、沖情，簡稱命忌沖情。A↓B↓C的飛入稱為交易象。而A↓B雖說善意，卻令A↘C產生沖的惡果，後續的麻煩事，遠比A↓B或B↓C的事態，嚴

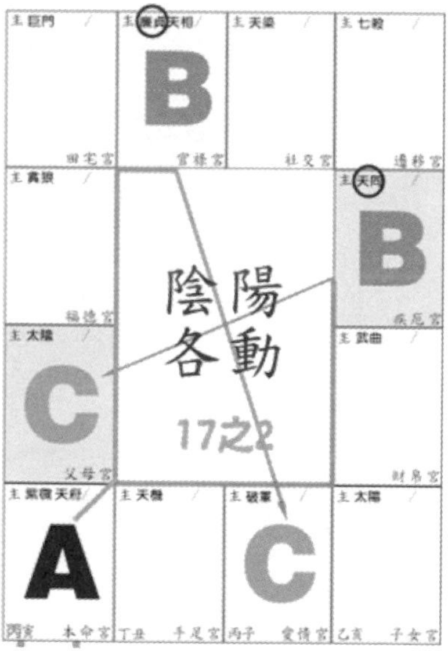

附圖 17-2

重的多很多。

又譬如附圖17－2的本命A，透過干丙祿、權、科、忌，分屬「同」、機、昌、廉。本命A宮祿落腳天同，從本命A飛入↓疾厄B找到天同，構成A↓B的交易象，再透過B↓C，完整A映↘C的【陰陽各動】。

這種以命祿入疾、映父C的公式＝A↓B映↘C。這類A↓B和A↘C的狀態均屬善意、有幫助的映，而非如忌↘沖，把不好負能量帶往對宮。

案例導讀：參考附圖18－5，頁104，財帛T象徵財務收支總管，管理的是金錢的賺入和支出的帳。從財宮T的宮化，分別是祿入狼兄(映↘社)、權入月情(映↘官)、科入弼遷(映↘命)、忌入機遷(↘沖命)等四類【陰陽各動】型態。

從祿、忌一組看，祿表示銀行有現金，卻拿去社交K花掉，忌則代表財帛T的天敵、也就是H總他自己。

再從科、權兩化瞭解，結婚後，H總對金錢掌控格外在意，雖然他的生忌讓他產生儉樸、小氣的稟賦，但攸關事業，他仍捨得花錢。特別是科能緩解H總把錢花在社交K的習慣，局部改善、降低財忌沖命的危害。

由大運情T的宮化，見到飛出宮和受映宮的直接、間接關聯。假設大情T宮化，存在入情映官或入官映情，都意謂十年內會有姻緣。從H總的大運情T的權入月情（映↗官）發現，果真具備姻緣徵兆。

意謂H總十年內有結婚徵兆，而婚後夫人對夫君的事業；礙與協助並陳。剛開始或有阻礙，但後續關鍵期，卻形成莫大協助。只是若以此生做結果論點，情宮仍是負大於正（引出祿已藉由時間，把生祿幻化成伏祿。請從第七節的伏象聯動理解）。

至於相關姻緣動態，H總的大運命O宮祿，也可探知類似姻緣資訊。既然大運中顯示「有」，自然能從流年中找尋時間點。反之若缺乏大運「顯」的訊息，光憑流年，就不好單獨引用婚姻緣看待。

從訊息上看，26歲（H）是大運賦予最佳的結婚時機，至於第二處則落在映宮的32歲（B）。若H總於26歲前推命，自然有兩處時間可供參考。如果過了26歲才進行評命，32歲必是最佳落點。

最後H總果然在一九八八年的32歲時和夫人結婚，且該流年的愛情C，也存在祿◎的顯性徵兆。

【三、陰陽互動】

說明：四化轉動四象，與天干星辰呼應，若原宮A（陰）飛入↓B宮（陽），再轉移至↘C，稱之陰陽各動。倘若該現象發生於對宮，不以各動說，即A飛入

↓B，B則映↘或沖↘回A，並沒有轉移至C，便是【陰陽互動】。

符號公式：符號：↓↑（對宮專屬）。

現象別名：類自化。

現象解說：A宮把祿、權、科飛入↓B，又把對宮B的磁場，用「映」的方式返回A，形成A動B、B動A的陰、陽互動。由於A、B互為對宮，即在↗的符號前，加上對宮專屬↓↑做為A、B互動標示。

別名解說：類自化＝A↓↑B↗A、A↓↑B、A↗A。

陰陽互動的映或沖，和不動自化的◎↘沖，其表面不盡相同，然而「映」的反應，或最後「沖」的結果卻很類似，於是陰陽互動的現象別名，自然脫離不了自化範圍，老莊便以類自化稱之，不過◎不等同於↓↑。

假設入的化象是「↘忌」，不以「映↘」視之，由於忌的折沖常見駭人負能量，比忌入可怕，再用特殊的水忌表示。若源自愛情以水情忌稱之，如果位處本命、財帛或官祿，取一字宮名，改採水命、水財或水官忌。

陰陽互動的祿↓↑，看似甚佳，然而祿氣已泄並不穩定，容易受制其他化象干擾，由正轉負。參考祿的↓↑作用，必須透過本宮、對宮同時參考，不能獨立視之。

圖例：附圖17－3父母宮A，透過丁化祿、權、科、忌，分別附於月、「同」、機、巨。當中父母A宮權落腳天同，且天同正巧安坐對宮疾厄B。

於是父母A將權的磁場引

附圖 17-3

入類自化疾厄B，父、疾即分屬對宮，疾厄會用映的方式返回A，等於A↓↑B映↘A。現象名即類自化權。而且↓↑權，也會像是本尊權◎，產生直接破耗對宮的能量。

又如**附圖**17－4的愛情A，透過宮干丙祿、權、科、忌，分別配合同、機、昌、「廉」，廉貞碰巧位處官祿B，並藉由情宮A，將宮忌磁場飛入官祿B。由於兩宮遙望，官祿B自然以「動」的方式，殺回A宮，形成A↓B又A↑B＝A↓↑B↘沖A的【陰陽互動】模式。

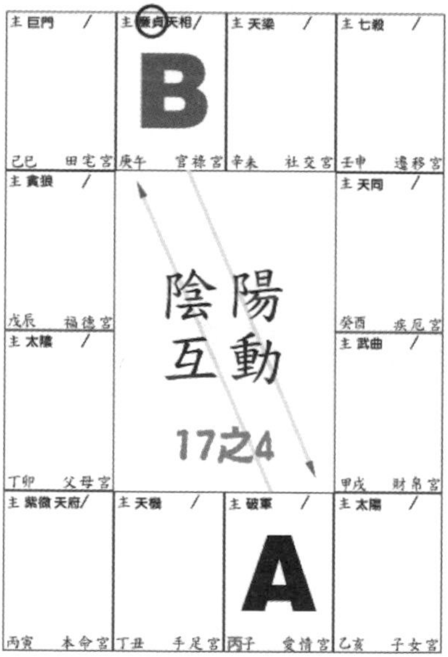

附圖 17-4

案例導讀：依**附圖**18－5運盤，有三處祿的陰陽互動，分別：

父母R有類自化祿＝父R↓↑映↘疾X。

愛情H有類自化祿＝情H↓↑映↘官B。

子女S有類自化祿＝子S↓↑映↘田Y。

三處類自化祿盡屬六親宮，意味H總得天獨厚，獲得上中下親屬攸關身體X及婚後家庭（父母映↗X）、事業B（愛情映↗B）及資產Y（子女映↗Y）的協助。

果然二〇一八進軍港都，意外獲得藍天變綠地的印證。再進階觀察兄J、社K兩宮，當宮祿形成特殊的命、遷對宮互映，表示人氣高的指標。不過相對愛情H，仍潛藏不可言喻的伏象，老莊將在後段【伏象聯沖】，為讀者導讀。

【四、陰陽沖體】

先前三項陰陽不動、各動、互動原則，屬平面宮位，以空間成份居多。常用在事件分析，接下來的法則，如果設定時間序，就能達到事件、時間的雙重預測。

說明：宮化透過四象與天干星辰結合，原宮A↓飛往B宮↓再轉入C，稱之陰陽各動。若C由命宮專屬，B遷移特定，那麼宮A，即泛指剩下10處宮忌。現象就不能再朝【陰陽各動】論處，應以【陰陽沖體】說。

某宮忌A飛入↓遷B，再經由遷B轉入↓命C，屬於陰陽沖體的A↗沖C，而非陰陽互動A↓↑B的類自化忌。本節雖蘊藏時間法則，但現在層次並不明顯，照舊使用陰陽平行的宮用對本命體舉例。

命宮雖和其他11宮共分治陰陽，但對太極本體，命宮屬於太級中心，主宰命盤，位階看似陰陽、實則跳出兩儀，且和生年四化相同，均以太極視之。並直接賦予專屬命宮的【體】字，以做為其他11宮職，或大運12宮、流年12宮【用】的區隔（附圖10－5和6，頁53）。

由於兩儀諸宮均依附本體命宮，透過【用】的宮忌↗沖本命之【體】，一律示警為凶象。

圖例：附圖18－1社交A，透過宮干辛祿、權、科、忌，分別搭配巨、日、曲、「昌」，由於社交A宮忌附身文昌，且文昌坐在前一宮的遷移B。當社宮忌A飛入↓遷移B，再經由遷B轉入↓命宮C，達成A↗沖C的「沖」。

上述現象，即以社A↗沖命看待，過程符合【陰陽沖體】

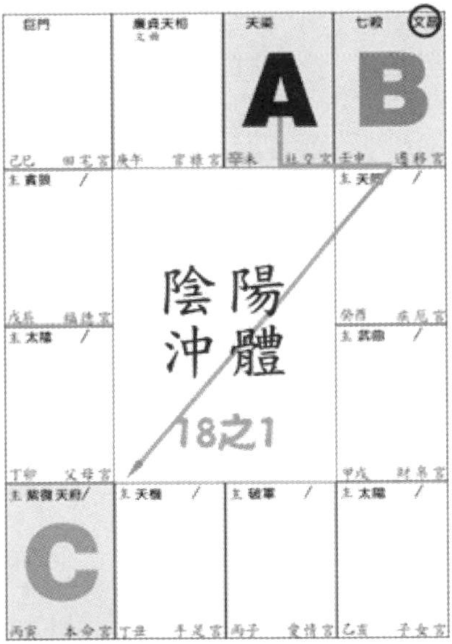

附圖 18-1

的結構。就圖例命宮是體、社交是用，社交A的宮忌為用，衝撞本命C之體，代表社忌沖命的凶象。

案例導讀：從附圖18－5，頁104，來到H總的12類宮職，唯有財帛T，具備**【陰陽沖體】**的宮忌沖命。這種「忌入機遷、沖命」，若發生財帛宮T，統稱泄財忌。

命宮體為命造縮影，蘊含財之氣也就是財運，當執掌財務的財宮T，把泄財戾氣往財運O沖去，意謂此生財運不甚如意，縱有貴人鼎力相助，無力感仍揮之不去。若有想法或依靠什麼賺錢，運氣始終跟不上、使不著。

儘管方法用對，時空環境卻不對盤，導致吹牛皮的印象，甩都甩不掉，也等於告訴大家，H總天生就不是塊做生意的料。從諸多報導得知他的過去，只要經營什麼就虧什麼，簡直就是個賠錢貨。

命盤（太極）掌天，12宮職（兩儀）統地，12地垣（流年）執人，除本命體外，攸關他宮、大運、流年等所有宮職，一律當作【用】來看待。

這觀點非常重要，透過時間法則，意味命體受到「沖」、「破」為凶的顯性特徵，即完成各項預測的參數設定，後續就考驗斗師的觀察及推敲本事。

附圖中表示財帛T，每隔十年，會藉由運、流更迭，再次形成不同屬性的命宮天敵。譬如三運沖命的本體，正逢大運情T，由於伏科的援助，當遷移A受到他宮的能量注入，若是套用時間法則，就會變化出優質伏象。

代表此生稍有成就，H總最應感謝的就是太極的伏祿及伏科。不過這已併入時間層次，屬於【陰陽沖太極】和【伏象聯動】範圍，不好援引【陰陽沖體】理解。但可以採用六親沖命看待，簡言之，就是兩宮職存在緣薄、無緣或無助傾向。

這類觀點，示意夫人對夫君的賺錢能力，非常沒有信心。即便後續依舊協助夫君，但成就未必然和賺錢相關。或許便是H總放棄經商，改涉足政壇或參選公職的的另類自我認知。

當大運官C有祿◎，H總正式跨入政壇，化身縣議員。不過此時三運已過一九九〇年限，需改採第四運參考。由於愛情H有生祿，自有兩段式的截然不同判讀。

第一類為平行空間的祿隨忌走，生祿跟著忌學壞了。另一項則屬時間論的大化小伏祿。具體論述，還是留待伏象篇再和讀者分享。

【五、陰陽碰太極】

說明：太極生兩儀，兩儀化四象，化象則蘊藏兩儀宮內，而兩儀宮，則是搭建太極盤的推手。

完整星、宮、化的命運之盤，先透過化象，探討出各宮祕辛、徵兆，屬於斗數空間法寶。至於時間至寶，則借重太極盤，經五行局，把大運伏隱在兩儀宮內，而小時間的流年、月、日，又各自藏匿地垣。

既然太極盤（本命盤）為大、兩儀運（大運宮）次之、四象（流年宮）最末，欲知時間真意，得利用兩儀碰太極，以小、中碰大

附圖 18-2

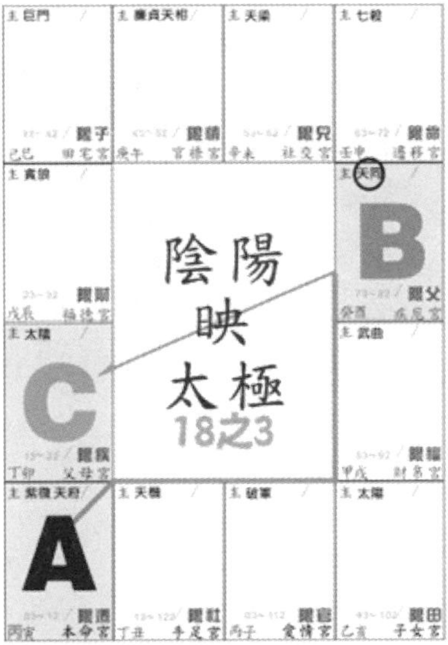

附圖 18-3

的方法，取得大運重要訊息，後借重四化（流年）碰太極，找出流年斷點。

由於時間、空間運用大不相同，需藉以小碰大規則，從本命盤、大運宮、流年支，依次找到事件、時間序。但萬萬不能按照平行位階，誤植流年碰流年，或大運碰大運的錯置陰陽不動、各動及互動規則。

如果採平行推算時間，大錯特錯，平階唯有在空間、事件推敲可用。若要推敲時間或斷點，必須乖乖配合、遵循以小碰大規矩。

圖例：宮化透過四象與天干星辰的結合，只是飛出的宮象A，已更改成大運宮A。由於具備映或沖的內涵，需以【陰陽各動】做基礎，再把飛入↓本宮B、轉借入↓本宮C，完成大宮A映↘或↘沖本C的原始太極點。

假設把原命A改成大遷A，飛往↓原官B、再轉入原情C，稱之A↘沖C的陰陽沖太極，現象名則為大遷入官、沖情，簡稱大遷沖↘本情（A↓B↘沖C）。（附

圖18－2）

大運遷的作用為小，原宮位的官或情為大，符合以小碰大的時間法則，意思63－72的十年內，命主若離開故鄉，在異域打拼事業，對婚姻、愛情將有損失。

於是異域、事業、愛情等空間、事件的產生，而63－72的十年內，也經由中碰大層次，導引出時間點。

又譬如附圖18－3大運遷的丙干有四個宮化「同」、機、昌、廉，此時天同產生天同大遷祿，飛入本命疾映父。由於大遷和大父，均屬於同一位階，無法有效相碰。

應該採取：大遷A祿飛入↓本命疾B轉入↓本命父C。而非引用錯誤的大遷A祿入↓大父B轉入↓大疾C。

案例導讀：從先前（附圖18－5，頁104）的內容，H總的大運情T，有大情權入情的姻緣徵兆，表示事件、時間已然發生，接下來，就從流年尋找結婚斷點。

如果錯誤引用法則，把大情T權入↓大命映↘大遷，那是用情宮力量來管束命主，要求他的外在行為必須節制。但我們要的是預測姻緣，而不是牛頭不對馬嘴的大命、遷事件。

法則的應用應以大運碰命盤，藉由陰陽找出事件的有或無，至於十年期間、歲月茫茫，需透過大運區段，找尋最有機會成立的流年。於是找到26和32兩處，再查驗H總是否在一九八二年或一九八八年結婚。

【六、陰陽沖兩儀】

說明：陰陽、兩儀不是相同物件，怎能相沖？那是意指平階宮位、而非層次、時間的相同宮位。這樣唸起來有點繞口，其實【陰陽沖兩儀】就是同類宮職沖同類宮職，並非陰陽各動或互動那種平面式聯結。

所謂各動或互動，指的是陰儀入、出、映、破、沖陽，或陽儀入、出、映、破、沖陰的關係，而【陰陽沖兩儀】是時間法則，屬於陽沖陽、陰沖陰。

表面看似【陰陽各動】基調，但蘊藏【陰陽沖太極】的時間觀，唯有中碰大的層次，才符合小宮沖大宮的境界，或進階版的同類宮職沖同類宮職。這種沖的型態，本書只侷限於忌，其他三化先不做額外念想。

於是某大（流）宮忌A飛入↓本宮B，則本宮B再以隱的方式轉入↓本宮C，讓大運A與本宮C的完成相同宮名，形成A、C同名，後續才製造化象A↘沖殺C，就是完整的A↓B↓C＝A↘沖C的公式。

這種同類宮職沖同類宮職，採取「用↘沖用」的程序，與先前「用↘沖體」

的方式及宮位不同。不過兩種方式均屬預知未來應有凶象的研究。

圖例：先前17－2附圖是以【陰陽各動】做基礎，把A飛入宮B和最後的沖到宮C，用原太極作聯結。只是原宮命A改成大運遷A，飛往原官祿B、再轉往原愛情C，稱為A沖C的【陰陽沖太極】（附圖18－2，頁97）。

以事件發生率，如果是用沖體的成功率，了不起七、八成，若大情沖本情的同類宮沖同類宮，那預測效果恐怕高達九成以上。

於是把附圖18－4大運宮調整成觀察23－32區間，那麼就形成大情A，飛往原宮B、再轉入原情C，建

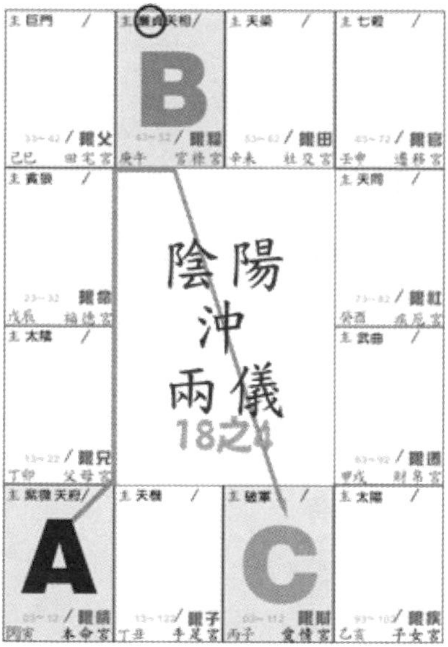

附圖 18-4

構A沖C的【陰陽沖兩儀】（附圖18－4），代表十年內，命主的婚姻必有警訊。

除此之外，還額外延伸三類任一宮職，忌沖本命宮必見凶象的結構。

A十一宮職忌沖本命宮。

B大運宮職忌沖本命宮。

C流年命宮忌沖本命宮。

流年屬小單位，若大運系統無警訊，就不好僅以流年做出危機論。需先有大運徵兆，才藉由徵兆進行第二輪的推估及解讀。否則光憑流年其他宮職沖本命當作凶象，那是把化象當成群魔亂舞，自己嚇自己。

【七、伏象聯動】

說明：除了空間、時間的化象互動，原始生化也就是伏象，也和宮化、大運、

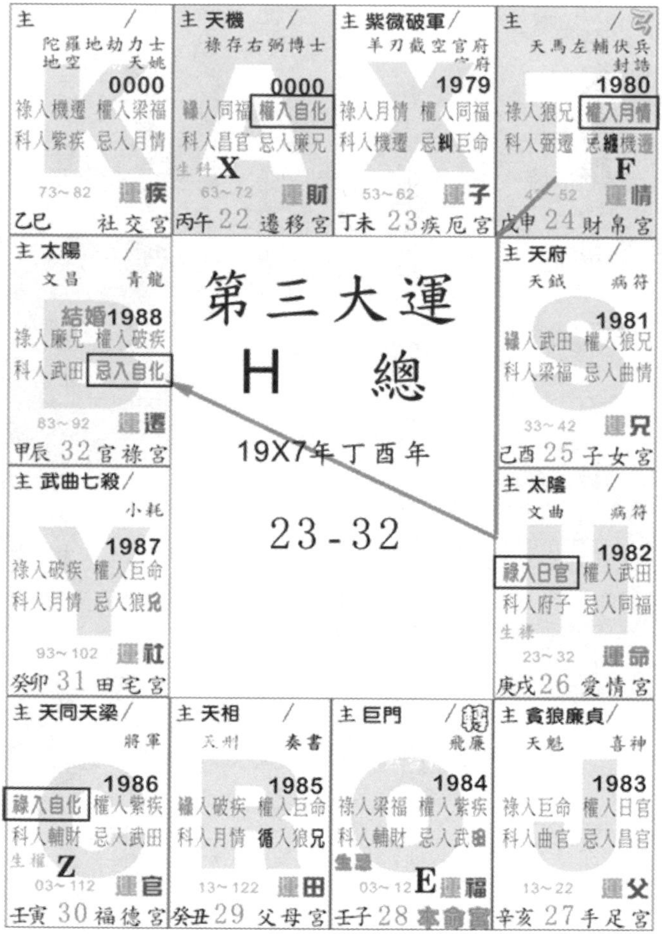
主 /
陀羅地劫力士
地空 天姚
0000
祿入機遷 權入梁福
科入紫疾 忌入月情
73~82 運疾
乙巳 社交宮
主 天機 /
祿存右弼博士
0000
祿入同福 權入自化
科入昌官 忌入廉兄
生科 X
63~72 運財
丙午 22 遷移宮
主 紫微破軍 /
羊刃截空官府
1979
祿入月情 權入同福
科入機遷 忌入巨命
53~62 運子
丁未 23 疾厄宮
主 /
天馬左輔伏兵
封誥
1980
祿入狼兄 權入月情
F
運情
戊申 24 財帛宮
主 太陽 /
文昌 青龍
結婚1988
祿入廉兄 權入破疾
科入武田 忌入自化
83~92 運遷
甲辰 32 官祿宮
第三大運
H 總
19X7年丁酉年
23-32
主 天府 /
天鉞 病符
1981
祿入武田 權入狼兄
科入梁福 忌入曲情
33~42 運兄
己酉 25 子女宮
主 武曲七殺 /
小耗
1987
祿入破疾 權入巨命
科入月情 忌入狼兄
93~102 運社
癸卯 31 田宅宮
主 太陰 /
文曲 病符
1982
祿入日官 權入武田
科入府子 忌入同福
生祿
23~32 運命
庚戌 26 愛情宮
主 天同天梁 /
將軍
1986
祿入自化 權入紫疾
科入輔財 忌入武田
生權 Z
運官
壬寅 30 福德宮
主 天相 /
天刑 奏書
1985
祿入破疾 權入巨命
科入月情 循入狼兄
13~122 運田
癸丑 29 父母宮
主 巨門 /
飛廉
1984
祿入梁福 權入紫疾
科入輔財 忌入武曲
生忌
E 運福
壬子 28 本命宮
主 貪狼廉貞 /
天魁 喜神
1983
祿入巨命 權入日官
科入曲官 忌入昌官
13~22 運父
辛亥 27 手足宮

附圖 18-5

流年，產生額外的關鍵作用。

圖例：從（附圖18－5，頁104）的愛情H看起，H有個祿入日官↓↑的類自化祿＋生祿，對宮又有官忌◎。所以觀察運盤，必須把三類化象一併考量。

案例導讀：譬如類↓↑祿有既成定義，當遇見對宮◎忌，這種祿很容易隨著忌走、變成雙忌。如果外加伏象，判讀時肯定很複雜。

斗數講究中庸，過猶不及。以宮化而言，現在愛情H祿（↓↑祿＋生祿）氾濫過頭，即使並未醞釀成厄，卻如水中映月，若有似無，容易造成佳偶反成怨偶的症候。

又例如遷移A的權◎，雖不像◎忌那樣閉塞，不過權◎若過度爆發，對宮也會被炸／破得粉碎。幸好遷移A具備生科，它像貴人，當權◎過份衝動，會幫它踩煞車。

抑或在命O、遷A發生巨大災難，也會透過間接衍生逢凶，最終化無的效果，只是過程仍有些波折。不過科、權無論所化為何，均處同一宮位，並無以大化小之說，只能互相影響。

因為兩象同時產生，沒有誰超越誰，或誰又誰能打敗誰的趨勢。不過科、權為少陽、老陽同一組合，可把兩化合一，同時解釋。

先前案例，曾提過陰陽互動↓↑，不能單一以本宮論，如果對宮存在陰陽不動◎（自化）、互動↓↑（類自化），要同時兼參。以該附圖的愛情H具備類自化祿，當生祿＋類自化祿傳遞到對宮，卻遇見陰陽不動的官忌◎沖情，表示有情之祿卻遇無情之忌對待。

當情的類自化祿出行對宮，本應有「映」的能量反饋，卻被官忌◎扣留，經過一番改造，把祿變成凶猛的忌，反沖回情宮，也就是H↓↑B↗沖H。而非先前應有的映。

本節會把伏祿一併介紹：生祿H有盎然、活潑、早熟寓意，宮祿也有類似定義，當兩相結合雖不成忌，卻因為祿氣過盛造成引出祿。

由於生祿鎮守情宮，象徵對情愛的期許及影響。因為它具備人緣、桃花，意味對異性有早熟、早發徵兆。這概念，被宮祿一併帶往對宮，象徵生祿在愛情H把待不住、留不下來，拼了命想往事業B飛去。

當優質生祿，一併被帶往對宮徹底消耗，如H總自述：年少時因窺看女生小腿、耽誤課業（年少事業B）的果。

由於生祿一味往對宮去，無法在情宮正常發揮，體現夫人對夫君功名事業，像寵孩子般，易把情深浮爛地推出去，有點像是春水向東不復返的味道。

不過若用大運時間研究，會驚覺並非如此。先前18－2和18－4的對照，只是隨大運時間更迭，單純解讀。於是理解出：再濃烈愛情，也禁不起大情沖本情的折磨。不過若有伏象，那麼作用力和反作用力就必須重新調整，做出不同寓意的解讀。

用平階宮位理解，愛情H因為引出祿↓↑↘沖的負面作用，讓夫人對H總產生溺愛。換個大運觀點，以大兄忌S飛入H再沖B的官祿，就不能套用平階方法詮釋。

譬如以先前子女忌和愛情H聯結，做出以下解釋：由於H總的兩性平權認知，很尊重夫人。可惜愛情H具備引出祿（類↓↑祿＋生祿），令H總易沉溺在夫人的溫柔鄉中。由於呈現愛美人、不顧江山傾向，如不遏止，必令事業B遭受重創。

而愛情H的宮祿＋生祿，傾向夫人像寵孩子般，讓H總予取予求。當事業B受到反作用力↘沖的影響，H總若過份仰仗夫人，夫人亦會好壞不分的支援，且定然造成夫君一事無成，彷彿讓他有吃軟飯的態勢。

若透過時間觀念，先前已由陰陽沖體中說明，因為大情T的夫人，對H總做生意缺乏信心，十年內，夫人會使用宮權節制夫君用度，不任由H總無限制索求。因此大情H忌，入遷沖命就成為夫人影響H總的關鍵。

如果把子女S替換成大兄S，此時的大運兄忌，應該這麼解釋：十年內，攸關H總的現金調度，會很在乎夫人意見，不過忌諱夫人主導，令H總猶豫不決，進退失據，進而影響事業規模。經由大運兄忌入情的作用，又成為限制H總現金失庫的第二道關卡。只是此刻愛情H已轉變成大運命了。這看似H總將成為危害個人事業的觀點，必須適時修正。無論是現金操作抑或運途，並不會造成對宮事業傷害。

因出自伏祿為大、宮忌為小，此時伏祿，已藉由時間法則產生巨大轉變，不再是那個被忌拖著到處走的生祿，反倒是發揮出以大制小的伏祿作用。當現金及個人行為遭受限縮，亦替H總清除了官祿B的惡性衝撞。

伏祿不僅順利阻擋◎忌，也消除引出祿的負能量，讓夫人得以適時、適切協助夫君。甚至把原先耽誤事業的阻力，即大兄沖官的妨礙，透過伏祿把沖的傷害降到最低。

當H總順利取得挹注，事業再無後顧之憂，歸納成時間斷點，子女S轉換成大運兄S，那麼陰陽碰太極就出現了。當大兄忌入情↘沖官，更會受到H伏祿的影響，自然能把忌沖的威脅減到最低。

畢竟大運以小碰本情大，生祿不再「合流」類自化祿，反以獨立的伏祿，充當十年大運命的守護天使。這太極伏祿，可以消弭兩儀的大兄忌、大疾K忌乃至大遷B忌所產生的各類小狀況。

概念上有點像逆水忌，不過逆水忌適用於所有通則，不管大小、平階，即便宮、運，流，都能直接影響化象。但由於大祿牽制小忌，只適用在時間法則，若援引至空間、事件，仍有被忌拖著走，或變成為虎添翼的禍端。

畢竟伏祿並非簡單仰賴生祿加持，它加大H總對外忙碌。即使一味關注事業，也由於對事業具備憧憬，縱然日後當選議員、立委乃至高雄市長，都是信心十足。

終歸有個賢內助在背後管控，只是期間仍有冷落嬌妻、聚少離多等跡象，無怪乎，兩人結婚多年，才誕下日後助他登上港都侯的愛的冰晶。

第三節　生忌格局

命盤佈局之初，依據生年干（公元年尾數），篩選：生科、生權、生祿、生忌等四種「化」象。生年四化即與易經四象呼應，透過化的分工，掌握斗數命脈及靈動。

以下有幾種生忌佈局及解釋，請務必熟記，後續會再引用範例逐一詮釋。

【一、四馬忌】

建構基礎：生忌坐落寅、巳、申、亥等四馬之地，因為四馬忌有拆開、分離的趨勢，所以又稱拆馬忌（**附圖**19－1）。

建構型式：四馬地有生年忌或自化忌即成立。

變景型式：除生忌外，若一併有自化忌或生忌逢自化祿，乃至生祿、忌同處，皆視為變景，可用拆馬惡忌看待。

附圖 19-1

簡義：此忌安置寅、巳、申、亥等四角宮垣，故名「四馬忌」。由於四馬忌有奔波、勞碌乃至離異，又有拆馬忌的稱呼。畢竟拆字有拆開、分離意旨。假設此忌位處六親，暗示透過忙碌，與六親形成相見時難的型態。

如果不經意的離多聚少，尚能維繫、延續兩端情份，然此忌有善始、難善終的趨向，一旦相處久，很難規避兩造不痛快，或老死不相往來。

範例二的ＹＺ（附圖二十二），生忌便在四馬忌的手足Ａ。雖然他和手足的互動，很難從媒體驗證。但若把手足視為知己或現金庫，攸關金錢往來、投資，期盼ＹＺ能謹慎。

假使不得不和手足、好友有硬貨調度，別毀了情誼。當然最好杜絕一切經濟往來，以純私交為最佳選擇。

再者ＹＺ的子女Ｂ宮忌，飛入ＹＺ的手足Ａ生忌，而且正處四馬忌上，等同子女和ＹＺ產生六親拆馬忌。由於兩造會透過奔波、勞碌衍生離異，不正是ＹＺ因為金錢問題和孩子前些年的寫照。

主 天機 /
天鉞地劫飛廉
2013
祿入自化 權入梁命
科入紫田 忌權月財
惡泄福忌
24～33 / 運兄
乙巳 42 福德宮
主 紫微 /
天福 奏書
敗選2014
祿入同情 權入機福
科入昌父 忌入廉疾
生權
流命
運命
34～43 /
丙午 43 田宅宮
主 /
將軍
0000
祿入月財 權入同情
科入機福 忌入巨情
水官忌
44～53 / 運父
丁未 0 官祿宮
主 破軍 /
小耗
0000
祿入狼子 權入月財
科入弼命 忌糾機福
54～63 / 運福
戊申 0 社交宮
主 七殺 /
文昌鈴星喜神
2012
祿入廉疾 權入破社
科入武兄 忌入日命
14～23 運情
甲辰 41 父母宮
第四大運
Y Z
19X2壬子年
34-43
附圖廿二
主 /
青龍
2005
祿入武兄 權入狼子
科入梁命 忌入曲疾
64～73 / 運田
己酉 34 遷移宮
主 太陽天梁 /
天魁右弼病符
2011
祿入破社 權入巨情
科入月財 忌入狼子
生祿
04～13 / 運子
癸卯 40 本命宮
主 天府廉貞 /
陀羅文曲力士
2006
祿入日命 權入武兄
科入自化 忌入同情
流官
運官
74～83 /
庚戌 35 疾厄宮
主 武曲天相 /
大耗
2010
祿入梁命 權入紫田
科入輔財 忌入自化
生忌
14～123 / 運財
壬寅 39 手足宮
主 巨門天同 /
伏兵
2009
祿入破社 權入自化
科入月財 忌入狼子
04～113 / 運疾
癸丑 38 愛情宮
主 貪狼 /
羊刃截空官府
2008
祿入梁命 權入紫田
科入輔財 忌入武兄
94～103 / 運遷
壬子 37 子女宮
主 太陰 /
祿存天馬博士
2007
祿入巨情 權入日命
科入曲疾 忌入昌父
84～93 / 運社
辛亥 36 財帛宮

附圖 22

【桃花忌】

建構基礎：生忌須坐落在子、卯、午、酉四桃花地。

建構型式：四花地內有生年忌或自化忌成立（附圖19－2）。

變景型式：除生年忌外，若同時兼具自化忌，或生年忌逢自化祿，乃至生祿、忌同處皆視為變景，可用桃花惡忌視之。

簡義：此忌安置子、午、卯、酉四桃花源，又名「四花忌」。此忌常見浮誇、好玩的「盲」碌意涵，同好喜以好玩忌詮釋。雖然桃花忌不一定高調愛炫，但由

附圖 19-2

於本質悶騷、風格顯擺，容易過份彰顯形成驕傲。

假設此忌身處我宮，暗示透過忙碌和六親產生疏離或隔閡。當獲得些許成就、好處，喜歡四處分享，所謂錦衣也要夜行，深怕別人不知。如果身處財、福兩端，亦有花錢如水，或為求物慾出賣自己的行為。

譬如此忌與範例七（附圖三十三），有幾分神似？通常生忌在命O，雖說逆來順受，但心境缺乏開朗。即便有追求或表現慾望，但自尊心受制，仍有習慣性逃避。

若主星沉穩低調如武曲，上述性格必然增添，反之星主活潑好動，則因受桃花忌激發，反有降低不如意的思緒。譬如身為巨子族的H總，乃頭腦冷靜、猶善觀察，能答善辯、應對如流的意見領袖。

生忌雖帶來同情心，然口快心直，讓大悲心隱而少發，幸好玩世不恭的他，

<table>
<tr>
<td>主　/
陀羅地劫力士
地空　天姚
1989
祿入機遷　權入梁福
科入紫疾　忌入月情
73～82　運財
乙巳 33 社交宮</td>
<td>主 天機　/
祿存右弼博士
議員勝選1990
祿入同福　權入自化
科入昌官　忌入廉兄
生科
63～72　運子
丙午 34 遷移宮</td>
<td>主 紫微破軍/
羊刃截空官府
官府
1991
祿入月情　權入同福
科入機遷　忌糾巨命
53～62　運情
丁未 35 疾厄宮</td>
<td>主　/
天馬左輔伏兵
封誥
立委勝選1992
祿入狼兄　權入月情
科入弼遷　忌纏機遷
43～52　運兄
戊申 36 財帛宮</td>
</tr>
<tr>
<td>主 太陽　/
文昌　青龍
0000
祿入廉兄　權入破疾
科入武田　忌入自化
83～92　運疾
甲辰　官祿宮</td>
<td colspan="2" rowspan="2">第四大運
H　總
19X7年丁酉年
33-42
附圖卅三</td>
<td>主 天府　/
天鉞　病符
1993
祿入武田　權入狼兄
科入梁福　忌入曲情
33～42　運命
己酉 37 子女宮</td>
</tr>
<tr>
<td>主 武曲七殺/
小耗
0000
祿入破疾　權入巨命
科入月情　忌入狼兄
93～102　運遷
癸卯　田宅宮</td>
<td>主 太陰　/
文曲　病符
1994
祿入日官　權入武田
科入府子　忌入同福
生祿
23～32　運父
庚戌 38 愛情宮</td>
</tr>
<tr>
<td>主 天同天梁/
將軍
立委勝選 1998
祿入自化　權入紫疾
科入輔財　忌入武田
生權
03～112　運社
壬寅 42 福德宮</td>
<td>主 天相　/
天刑　奏書
1997
祿入破疾　權入巨命
科入月情　循入狼兄
13～122　運官
癸丑 41 父母宮</td>
<td>主 巨門　/轉
飛廉
1996
祿入梁福　權入紫疾
科入輔財　忌入武田
生忌
03～12　運田
壬子 40 本命宮</td>
<td>主 貪狼廉貞/
天魁　喜神
立委勝選1995
祿入巨命　權入日官
科入曲官　忌入昌官
13～22　運福
辛亥 39 手足宮</td>
</tr>
</table>

附圖 33

仍有不少善舉。尤其懂得人性、擅長社交，一句問「世堅」情為何物？彷彿起義號角，旋風式浪花更頓時掀翻政壇。

否則真想不起來立院曾幾何時有過這號人物？當初罷免擁核立委，乃大姑娘上花轎的台灣頭一遭，老莊還特地去投票罷免過他，只是當初誰是誰，早忘了那些立委是誰。

但桃花忌終發揮作用，沉寂多年，依然可以大張旗鼓、捲土重來。可惜他常說討厭口舌是非，卻又經常口無遮攔的招惹唇舌，真有點X改不了吃屎的味道。

索性一句：「莫忘世上苦人多」引發共鳴，把負面形象矇混，否則光憑玩世不恭的搗蛋模樣，豈能逆襲港都。

還有範例五的秀場天王諸哥，生忌也落在桃花位。不過他並非命宮，而是愛情A（附圖二十七）。眾所皆知，諸哥情史豐富，生前有過三段婚姻、四段情。第

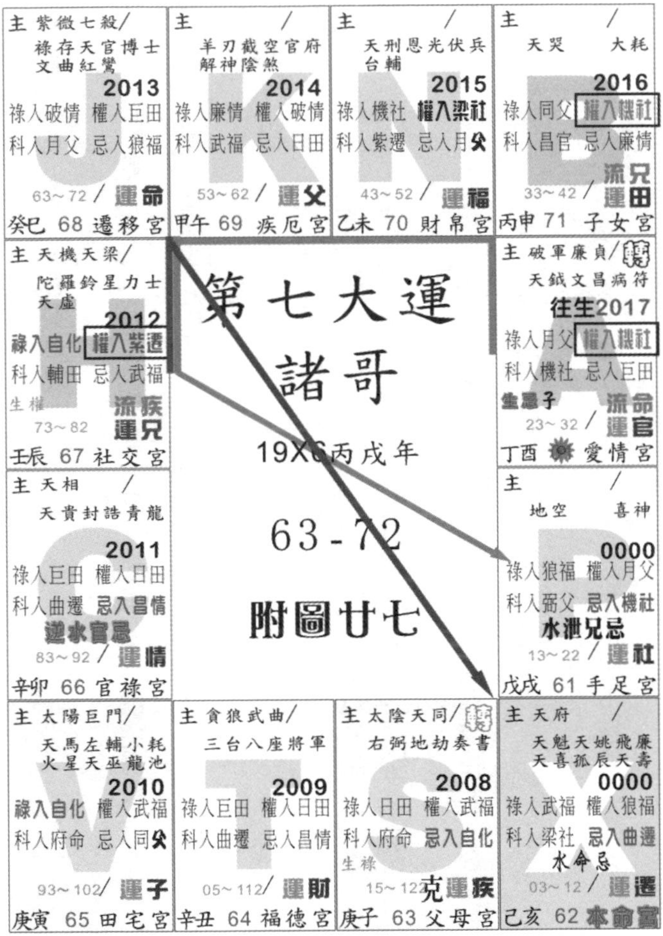
主 紫微七殺/
祿存天官博士
文曲紅鸞
2013
祿入破情 權入巨田
科入月父 忌入狼福
63～72 / 運命
癸巳 68 遷移宮
主 /
羊刃截空官府
解神陰煞
2014
祿入廉情 權入破情
科入武福 忌入日田
53～62 / 運父
甲午 69 疾厄宮
主 /
天刑恩光伏兵
台輔
2015
祿入機社 權入梁社
科入紫遷 忌入月父
43～52 / 運福
乙未 70 財帛宮
主 /
天哭 大耗
2016
祿入同父 權入機社
科入昌官 忌入廉情
流兄
33～42 / 運田
丙申 71 子女宮
主 天機天梁/
陀羅鈴星力士
天虛
2012
祿入自化 權入紫遷
科入輔田 忌入武福
生權
流疾
73～82
運兄
壬辰 67 社交宮
第七大運
諸哥
19X6丙戌年
63-72
附圖廿七
主 破軍廉貞/ 轉
天鉞文昌病符
往生2017
祿入月父 權入機社
科入機社 忌入巨田
生忌子
流命
23～32 / 運官
丁酉 愛情宮
主 天相 /
天貴封誥青龍
2011
祿入巨田 權入日田
科入曲遷 忌入昌情
逆水官忌
83～92 / 運情
辛卯 66 官祿宮
主 /
地空 喜神
0000
祿入狼福 權入月父
科入弼父 忌入機社
水泄兄忌
13～22 / 運社
戊戌 61 手足宮
主 太陽巨門/
天馬左輔小耗
火星天巫龍池
2010
祿入自化 權入武福
科入府命 忌入同父
93～102 / 運子
庚寅 65 田宅宮
主 貪狼武曲/
三台八座將軍
2009
祿入巨田 權入日田
科入曲遷 忌入昌情
05～112 / 運財
辛丑 64 福德宮
主 太陰天同/ 轉
右弼地劫奏書
2008
祿入日田 權入武福
科入府命 忌入自化
生祿
15～122 克運疾
庚子 63 父母宮
主 天府 /
天魁天姚飛廉
天喜孤辰天壽
0000
祿入武福 權入狼福
科入梁社 忌入曲遷
水命忌
03～12 / 運遷
己亥 62 本命宮

附圖 27

一次娶妻，就花開在多數人還懵懵懂懂的18歲，足足早了老莊二十年。

桃花忌對命主，看似拈花惹草、十分快活，但喜新厭舊天性，印驗六親宮必呈現離多聚少。

例如他的第二段婚姻末，狠心拋妻，女兒小燕也在父母離異後，鮮少有機會再碰面。所謂桃花舞春風的背後，對枕邊人及小孩實屬磨難。

即便二〇〇九年再度復出，對第三任妻子許下：「來世還要再娶妳」的諾言，卻被三夫人狠狠打臉，探究原因，終歸是諸哥太花心了。

【入庫忌】

建構基礎：生忌須坐落丑、辰、未、戌四墓之地，方能成行。

建構型式：四墓地內有生年忌即成立。（參考附圖19－3）

變景型式：不可逢任何自化，如遇自化屬破格，且同時幻化成泄庫忌。

簡義：此忌安置丑、辰、未、戌等四墓庫，名為「入庫忌」。此忌會藉由收納、藏富，但不能遭遇任何型式的自化，否則常會有鏡花水月的結果。

假設入庫忌安坐六親位，代表命主透過努力，使該宮位勞有所獲。譬如此忌入愛情位，暗示自己必有婚姻，也象徵配偶將有攜帶財物來的機率。

也因為映入對宮事業，讓

附圖 19-3

命主萌生出外賺錢的念頭，如順勢搭配技能，自能勞有所獲、延續情緣。

又譬如子女宮若逢此忌，屬於兩性關係和諧、融洽。若延伸至合作夥伴，有機會透過合資，共創利益。也暗示子女方，應有奉養父母的意願及行動。

若入田宅則定義為家庭付出，或為財庫奮鬥不懈。譬如以對宮的子女、股東做趨向，屬於命主為子友們無怨無悔，乃責任感的呈現，當然也會加重個人負擔的指標。

只是上方所述的入庫忌，都不能遭遇自化，若逢遇自化，則表示該大運會有看似賺錢輕鬆，卻是快樂花掉、寅吃卯糧、透支等傾向。

然而偏偏範例六的老K，破壞規矩，硬把不能遇◎的高牆，輕鬆推倒。老K生忌正坐在入庫忌（附圖二十九），碰巧也趕上田宅A，所以攸關田宅、生忌的描述無不印驗。

主 天相 / 小耗	主 天梁 / 天福 青龍	主 廉貞七殺 / 陀羅天鉞力士 文昌文曲	主 祿存天馬博士
1977	1978	1979	1980
祿入巨子 權入日社	祿入自化 權入紫財	祿入破官 權入巨子	祿入廉命 權入破官
科入曲命 忌入昌命	科入輔社 忌入武官	科入月疾 忌入狼財	科入武官 忌入日社
03~112 運財	13~122 運子	03~12 運情	13~22 運兄
辛巳 28 愛情宮	壬午 29 手足宮	癸未 30 本命富	甲申 31 父母宮

主 巨門 / 將軍			羊刃天姚官府
1976	第三大運		開發新品 1981
祿入日社 權入武官	黑桃老K		祿入疾 權入梁兄
科入府遷 忌糾同田			科入紫財 忌入月疾
運水子忌	19X0庚寅年		
93~102 運疾			23~32 運命
庚辰 27 子女宮	23-32		乙酉 32 福德宮

主 紫微貪狼 / 奏書	附圖廿九		主 天同 / 伏兵
岳父借貸 1975			0000
祿入武官 權入自化			祿入自化 權入機疾
科入梁兄 忌入曲命			科入昌命 忌入廉命
			坐忌
83~92 運遷			33~42 運父
己卯 26 財帛宮			丙戌 田宅宮

主 天機太陰 / 右弼地劫飛廉	主 天府 田忌歸位 / 天魁 喜神	主 太陽 / 左輔 病符	主 破軍武曲 / 天官 大耗
創業結婚 1974	癸丑結婚 1973	1972	0000
祿入狼財 權入自化	祿入武官 權入狼財	祿入狼財 權入月疾	祿入月疾 權入同田
科弼自化 忌入自化	科入梁兄 忌入曲命	科入弼疾 忌入機疾	科入機疾 忌入巨子
	生科 水邊忌	生祿	生權
73~82 運社	63~72 運官	53~62 運田	43~52 運福
戊寅 25 疾厄宮	己丑 24 遷移宮	戊子 23 社交宮	丁亥 官祿宮

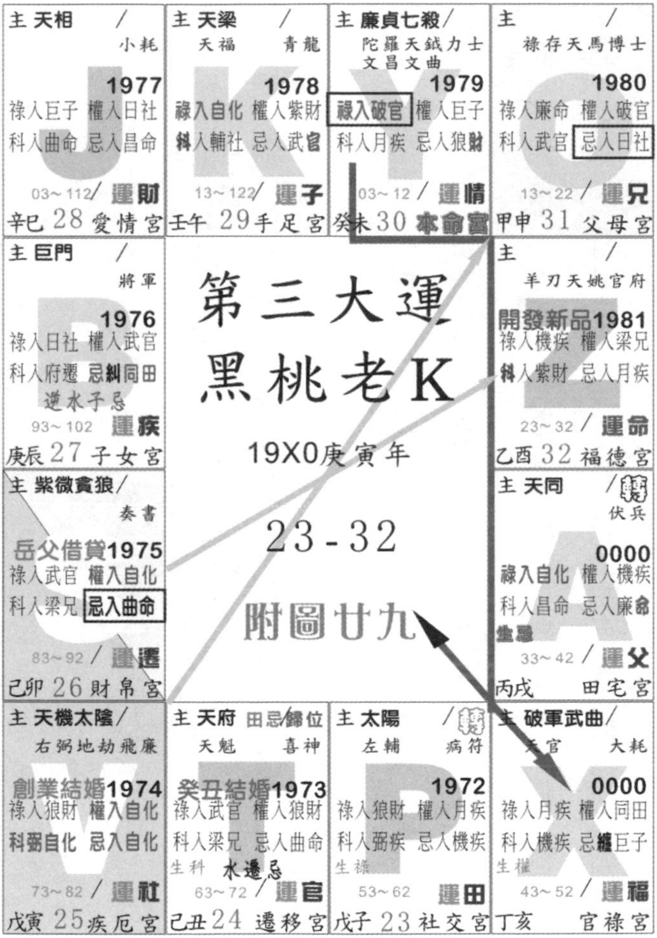

附圖 29

可是老K的田宅，卻堂而皇之坐擁一個◎祿，而老K竟憑著它，左手入金、右手賺銀的把財富通通累積，簡直人比人氣死人！

終歸老K的子女B，有個死豬不怕開水燙的逆水子忌，這種類↓↑忌的格局，如果應用在普通經營者，或股東生意夥伴，恐怕慘不忍睹。

可是當B宮的子忌入田，遇上老K田宅A的生忌，這下場原本很慘澹的結局，竟遭改寫。原因是田宅A的生忌，可以發揮類似捕手的功能，硬把子女B的類↓↑忌，以綁架手段牢牢鎖死，令它無法反沖回子女B。

接著↓↑忌，徹底被生忌降伏、改造原性，形成無敵的逆水子忌。這田宅A原留不住資產，即◎祿＋生忌的雙忌，卻被逆水忌輕易給化解。不只把股票兌換成現金再轉投資，資產亦不停歇地上揚。

甚至這逆天忌，在成為老K大運官的幫襯下，一舉把他自己推上首富。（附圖三十二）

正常而言，田宅生忌能夠創造財富不假，但是就怕自化，或一種留不住財的類↓↑祿。可是耐人尋味的是，一般人遇此劫數，必然點滴失去、欲哭無淚。

由於老K的逆水忌，反促使田宅A逆天茁壯，當田宅宮的資產，不間斷往股東位挪（子女B），一家家公司就併購入庫。工廠也一處處擴張，股票更一張張累積。光是股票配息，每年老K就足以填補他田宅宮多年的損失。

想知道老K運盤，除了逆天子忌，還存在多少霸氣格局？請好好閱讀範例六，讓您光看內容就值回票價。

<table>
<tr>
<td>主 天相 /
小耗
000
祿入巨子 權入日社
科入曲命 忌入昌命
03~112/ 運社
辛巳 愛情宮</td>
<td>主 天梁 /
天福 青龍
父親仙逝2002
祿入自化 權入紫財
科入輔社 忌入武官
13~122/ 運遷
壬午 53 手足宮</td>
<td>主 廉貞七殺/
陀羅天鉞力士
文昌文曲
2003
祿入破官 權入巨子
科入月疾 忌入狼財
03~12 / 運疾
癸未 54 本命宮</td>
<td>主 /
祿存天馬博士
2004
祿入廉命 權入破官
科入武官 忌入日社
13~22 / 運財
甲申 55 父母宮</td>
</tr>
<tr>
<td>主 巨門 /
將軍
0000
祿入日社 權入武官
科入府遷 忌糾同田
逆水子忌
93~102 運官
庚辰 子女宮</td>
<td colspan="2" rowspan="2">第六大運
黑桃老K
19X0庚寅年
53-62
附圖卅二</td>
<td>主 /
羊刃天姚官府
妻逝首富2005
祿入機疾 權入梁兄
科入紫財 忌入月疾
23~32 / 運子
乙酉 56 福德宮</td>
</tr>
<tr>
<td>主 紫微貪狼/
奏書
2011
祿入武官 權入自化
科入梁兄 忌入曲命
83~92 / 運田
己卯 62 財帛宮</td>
<td>主 天同 / 轉
伏兵
2006
祿入自化 權入機疾
科入昌命 忌入廉命
生忌 流情
33~42 / 運情
丙戌 57 田宅宮</td>
</tr>
<tr>
<td>主 天機太陰/
右弼地劫飛廉
再登首富2010
祿入狼財 權入自化
科弼自化 忌入自化
73~82 / 運福
戊寅 61 疾厄宮</td>
<td>主 天府 /
天魁 喜神
併購奇美2009
祿入武官 權入狼財
科入梁兄 忌入曲命
生科 水遷忌
63~72 / 運父
己丑 60 遷移宮</td>
<td>主 太陽 / 轉
左輔 病符
二婚2008
祿入狼財 權入月疾
科入弼疾 忌入機疾
生祿 流命
53~62 運命
戊子 59 社交宮</td>
<td>主 破軍武曲/
天官 大耗
2007
祿入月疾 權入同田
科入機疾 忌纏巨子
生權
43~52 / 運兄
丁亥 58 官祿宮</td>
</tr>
</table>

附圖 32

【忌轉忌】

建構基礎：以生忌落點做標地。

建構型式：某宮A有生忌，藉由該宮之宮忌，再轉入他宮B，則飛宮後的B處，亦視同有生忌坐守（參考附圖19－4）。

簡義：生忌所在，常是此生最困擾的問題所在，特別是它轉忌位置，會一併把該宮痛苦、向外延伸。尤其轉忌後的沖位，無緣、脆弱的程度，往往超乎想像。

範例四的猴腮雷，己年生者（附圖二十五），乃生忌透過文曲

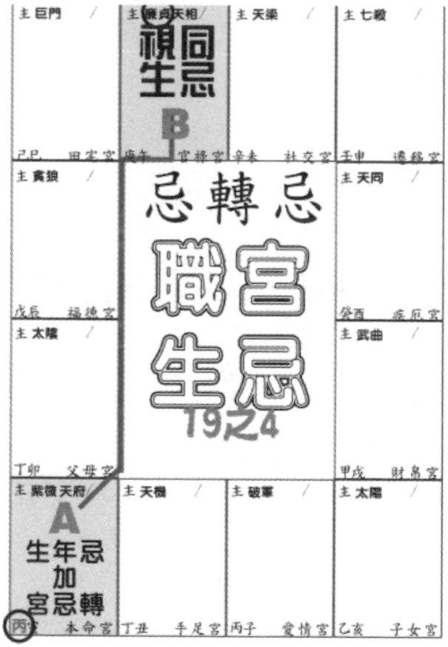

附圖 19-4

主 天同 /
陀羅截空力士
2013
祿入武官 權入狼遷
科入梁子 忌入曲福
96~105/ 運子
己巳 0 田宅宮
主 武曲天府/
祿存 博士
2014
祿入日社 權入自化
科入自化 忌入同田
生祿
86~95 / 流情 運情
庚午 66 官祿宮
主 太陽太陰/
羊刃 官府
免役系統2015
祿入巨疾 權入自化
科入曲福 忌入昌財
76~85 / 流兄 運兄
辛未 67 社交宮
主 貪狼 /
天鉞 伏兵
財務危機2016
祿入梁子 權入紫財
科入輔福 忌入武官
生權
66~75 / 流命 運命
壬申 68 遷移宮
主 破軍 /
左輔文曲青龍
0000
祿入狼遷 權入月社
科入弼財 忌入機疾
生忌
06~115 運財
戊辰 0 福德宮
第七大運
猴腮雷
19X9己丑年
66-75
附圖廿五
主 巨門天機/
天刑天官大耗
2017
祿入破福 權入自化
科入月社 忌入狼遷
56~65 / 流父 運父
癸酉 69 疾厄宮
主 /
火星 小耗
2023
祿入月社 權入同田
科入機疾 忌入巨疾
水父忌
16~125/ 運疾
丁卯 75 父母宮
主 天相紫微/
右弼文昌病符
鈴星
2018
祿入廉命 權入破福
科入武官 忌入日社
46~55 / 運福
甲戌 70 財帛宮
主 廉貞 /
將軍
2022
祿入同田 權入機疾
科入昌財 忌入自化
06~15 / 運遷
丙寅 本命宮
主 /
奏書
2021
祿入月社 權入同田
科入機疾 忌入巨疾
16~25 / 運社
丁丑 73 手足宮
主 七殺 /
天魁 飛廉
2020
祿入同田 權入機疾
科入昌財 忌入廉命
26~35 運官
丙子 72 愛情宮
主 天梁 /
地空地劫喜神
2019
祿入機疾 權入自化
科入紫財 忌入月社
生科
36~45 / 流田 運田
乙亥 71 子女宮

附圖 25

安置坐福德，生忌在福，易有高程度的精神壓迫，有偏執、好鑽牛角尖的稟性。

而文曲本有異途功名和桃花傾向，容易賦予悖離世俗的思想，乃至行而外的驚天駭地作為。若專精用於學術鑽研，必能獲得巨大成果，反之若抗壓不夠，則易傾向避世、玩物喪志。

譬如福忌↗沖財，就是對金錢看得開，手頭自然易鬆。縱使有時想法獨特、手法創新，但離大財總是欠缺臨門一腳。再者浸淫享受，針對某些慾望，格外捨得花錢。

所謂大富看天、小富從儉，人的氣度往往決定富貴厚度，所以生忌坐福未必窮，卻怕投機、妄想一夜致富。常有詐騙首腦有此格局，但偷雞不著，往往賠了夫人又折兵。

由於猴腮雷生忌落在福德H，透過宮忌天機轉移入疾。代表疾厄B，不只來自福德宮忌，原先忌在福德的磁場，一併透過飛宮轉入疾厄B去，等於疾厄B也有生忌。

經由忌轉忌，把悖離世俗的思想，瞬間轉往身體及情緒上頭。既然身體已藉由思想合而為一，那麼無懼世俗眼光，就演變成膽敢妄娶一妻五妾的事實。

天機化忌入疾厄B，會將獨特思維、創新觀念移轉到身心，不過預設立場、庸人自擾的內涵，也一併浮現。終歸福德H的生忌，本有偏執、畫地自限毛病，而今又轉入疾厄B，意味固執、易怒、難溝通的心理，易造成他人痛苦不堪的回憶。

即便不會成為孤僻之人，卻容易招致社會詬病。再者忌入疾、沖父，對於婚後家庭，也有猝不及防危機。

【飛霜忌】

建構基礎：以生忌落點做為標地。

建構型式：當職宮A有生忌，且X宮有忌象飛入，則飛忌、生忌合流成雙忌（參考附圖20－3）。老莊取雙字諧音、借字名為飛霜忌。

變景型式：若生忌為命宮以六親忌論，而生忌、飛忌互為事宮，表示兩造關聯傾斜，例如生忌A為事宮，B為六親，意謂六親B過份關注A。

破格型式：飛霜忌若互為對宮，以逆水忌視之非飛霜忌。

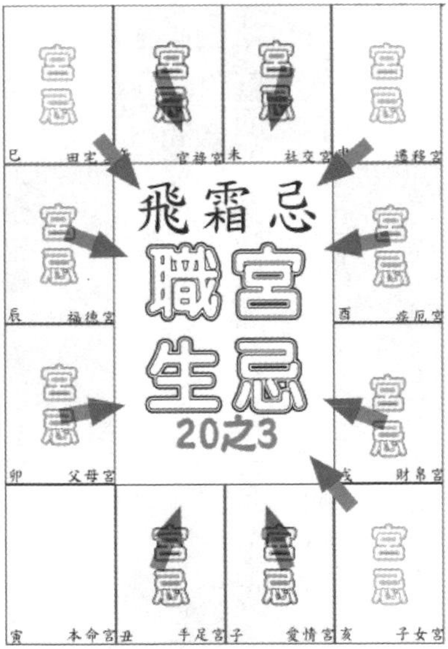

附圖 20-3

意旨：飛霜忌和六親忌類似，只是六親宮職A取代命宮，內容和情感寓意相近，可參考六親忌。但指標仍以兩宮緣不對等、偏頗，或熱臉貼他冷屁股等意涵。若六親B的宮祿入六親宮A，亦有入不敷出現象。

譬如範例二的YZ（附圖二十二，頁115），生忌在四馬手足A，子女Z有宮忌入兄。則兩事宮可採取等量齊觀。

兄為銀行現金方，子屬合夥投資方、部屬。由於合夥人過度關注YZ現金需求，若YZ有理財、經營事業，乃至跨足政壇的意願，合夥人會針對YZ需求、格外關注。假設YZ提出要求，該方人士也樂於挹注。

如果YZ的官祿C結構佳，便能獲得現金週轉的優勢，然而YZ的官祿並非如此，而是存在水官忌。由於YZ手足A又有◎忌，即便向友人告急輕鬆，卻形成個人財務黑洞，把合夥人的好意，無限制地給吞噬掉。

因為借貸簡單，初期或許並無明顯失衡趨向，但YZ的現金總管彷彿無底洞，若乏控管，他日難免有損社會形象及友誼。

延伸至投資理財面，表示YZ不適合股東生意，如果涉及兩性、桃花緣份探討，也有一廂情願的成份。

又譬如範例三的WR，官祿A有生忌，財帛B則忌入官↗沖情（附圖二十三）。如以尋常財忌入官理解，乃賺錢後的盈餘，往額外第二領域的事業經營。

而官祿A有生忌，表示將無盡吸收財帛B的資本，等於把自己投資自己的成本打入無底洞。用飛霜忌推敲，攸關自我財務，當過份支援事業，不單賺錢方往死胡同鑽，也讓主業危機越陷越深。

一旦經營不善，非但不樂意收手，還會想方設法填補虧損。若以對宮愛情X

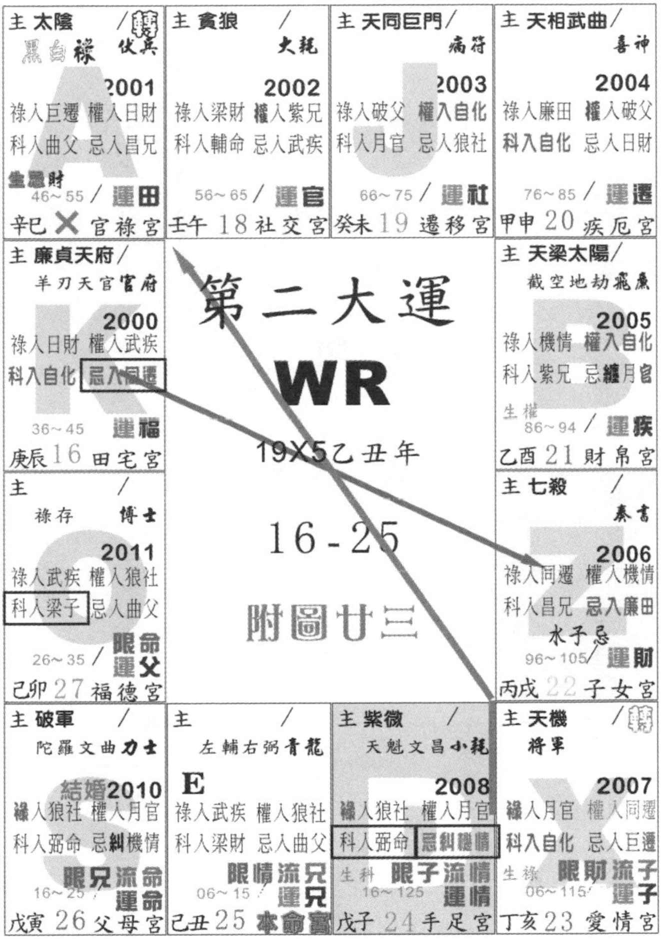
主 太陰 /
祿 伏兵
2001
祿入巨遷 權入日財
科入曲父 忌入昌兄
生忌財
46～55 / 運田
辛巳 官祿宮
主 貪狼 /
大耗
2002
祿入梁財 權入紫兄
科入輔命 忌入武疾
56～65 / 運官
壬午 18 社交宮
主 天同巨門 /
病符
2003
祿入破父 權入自化
科入月官 忌入狼社
66～75 / 運社
癸未 19 遷移宮
主 天相武曲 /
喜神
2004
祿入廉田 權入破父
科入自化 忌入日財
76～85 / 運遷
甲申 20 疾厄宮
主 廉貞天府 /
羊刃天官 官府
2000
祿入日財 權入武疾
科入自化 忌入同遷
36～45 運福
庚辰 16 田宅宮
第二大運
WR
19X5乙丑年
16-25
附圖廿三
主 天梁太陽 /
截空地劫 飛廉
2005
祿入機情 權入自化
科入紫兄 忌入月官
生權
86～94 / 運疾
乙酉 21 財帛宮
主 /
祿存 博士
2011
祿入武疾 權入狼社
科入梁子 忌入曲父
限命
26～35 / 運父
己卯 27 福德宮
主 七殺 /
奏書
2006
祿入同遷 權入機情
科入昌兄 忌入廉田
水子忌
96～105 / 運財
丙戌 22 子女宮
主 破軍 /
陀羅文曲 力士
結婚 2010
祿入狼社 權入月官
科入弼命 忌入機情
限兄 流命
16～25 / 運命
戊寅 26 父母宮
主 /
左輔右弼 青龍
E
祿入武疾 權入狼社
科入梁財 忌入曲父
限情 流兄
06～15 / 運兄
己丑 25 本命宮
主 紫微 /
天魁文昌 小耗
2008
祿入狼社 權入月官
科入弼命 忌入機情
生科 限子 流情
16～125 運情
戊子 24 手足宮
主 天機 /
將軍
2007
祿入月官 權入同遷
科入自化 忌入巨遷
生祿 限財 流子
06～115 運子
丁亥 23 愛情宮

附圖23

看待，尋求週轉的對象，自然以枕邊人為首選。最怕搞得自己副業無成，和愛侶的感情也就每況愈下。

往往造成感情生變得轉折，除了經營不善是肇因，愛侶也因為所託非人，致使金錢、感情造成雙重損失。

除此之外，WR的愛情X↘沖命，而官祿A的宮祿，也產生官祿入遷J映↘命效果。表示官祿A和愛情X，在空中形成命、遷的祿忌交戰，這種事業的黑白祿，理所當然，受傷的又會是自己。

但最特殊的，莫過範例五的天王諸哥，他的生忌落腳愛情A，先前桃花忌中有簡單說明。而其他宮忌入情有兩處，一是子女B、一是官祿C（附圖二十七）。

首先研究附圖裡的C，屬飛霜忌的破格：當飛霜忌互為對宮以逆水忌視之。從官C的宮忌飛往愛情A，官忌就被愛情A的生忌降伏。並不會反沖官祿C外，

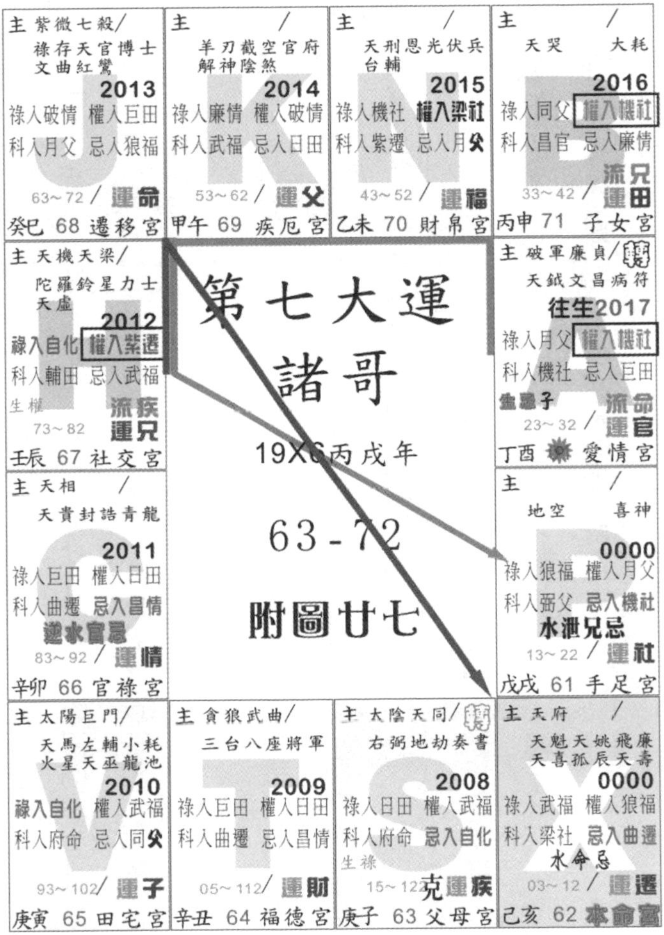
主 紫微七殺/
祿存天官博士
文曲紅鸞
2013
祿入破情 權入巨田
科入月父 忌入狼福
63~72 / 運命
癸巳 68 遷移宮
主 /
羊刃截空官府
解神陰煞
2014
祿入廉情 權入破情
科入武福 忌入日田
53~62 / 運父
甲午 69 疾厄宮
主 /
天刑恩光伏兵
台輔
2015
祿入機社 權入梁社
科入紫遷 忌入月父
43~52 / 運福
乙未 70 財帛宮
主 /
天哭 大耗
2016
祿入同父 權入機社
科入昌官 忌入廉情
流兄
33~42 / 運田
丙申 71 子女宮
主 天機天梁/
陀羅鈴星力士
天虛
2012
祿入自化 權入紫遷
科入輔田 忌入武福
生權
流疾
73~82 運兄
壬辰 67 社交宮
第七大運
諸哥
19X6丙戌年
63-72
附圖廿七
主 破軍廉貞/ 轉
天鉞文昌病符
往生2017
祿入月父 權入機社
科入機社 忌入巨田
流命
23~32 / 運官
丁酉 愛情宮
主 天相 /
天貴封誥青龍
2011
祿入巨田 權入日田
科入曲遷 忌入昌情
逆水官忌
83~92 / 運情
辛卯 66 官祿宮
主 /
地空 喜神
0000
祿入狼福 權入月父
科入弼父 忌入機社
水泄兄忌
13~22 / 運社
戊戌 61 手足宮
主 太陽巨門/
天馬左輔小耗
火星天巫龍池
2010
祿入自化 權入武福
科入府命 忌入同父
93~102/ 運子
庚寅 65 田宅宮
主 貪狼武曲/
三台八座將軍
2009
祿入巨田 權入日田
科入曲遷 忌入昌情
05~112/ 運財
辛丑 64 福德宮
主 太陰天同/ 轉
右弼地劫奏書
2008
祿入日田 權入武福
科入府命 忌入自化
生祿
15~122 克運疾
庚子 63 父母宮
主 天府 /
天魁天姚飛廉
天喜孤辰天壽
0000
祿入武福 權入狼福
科入梁社 忌入曲遷
水命忌
03~12 / 運遷
己亥 62 本命宮

附圖 27

還逆勢成為眾人羨慕的逆陰陽互動的逆水官忌。（本章二節之三）。

逆水忌在先前入庫忌時，老K的運盤曾介紹過，眼前的逆水官忌，自然也能幫諸哥浴火重生。當諸哥重返藝能界後，除聲勢更勝以往外，電影票房也讓他登上巔峰。

基本上，運盤只要有此結構，必能讓人逆轉勝，或再造人生契機。您說老天公平嗎？老天一向不公平的。當諸哥的官祿C具備得以逆向操作的逆水忌，縱使他職場再花心，也不會遭受任何沖官的懲罰。

再者，從子女P的子忌入情研究，子女方的無怨奉獻，依舊傷不了逆官忌分毫。就算把子女宮化身成金主，說白了，也只讓諸哥「出國深造」少賺幾年罷了，從結果論看，依舊撼動不了逆水忌的事業再造。

綜觀諸哥事業仰仗格局優勢，可謂打遍天下無敵手。以致臨終前的幾年，照舊紅得發紫。唯有水命、水兄兩忌，算是自作孽的運之天敵，只是賭字敗局雖影響後期人生，但倒楣鬼仍然是枕邊人及一堆無辜子女。

各位讀者，快把自己的命盤改成運盤，看看有沒有逆天忌的存在？只要手持這把倚天劍，就能仿效老K成就霸主，諸哥綜藝界裡稱天王。

第三章 名人解析

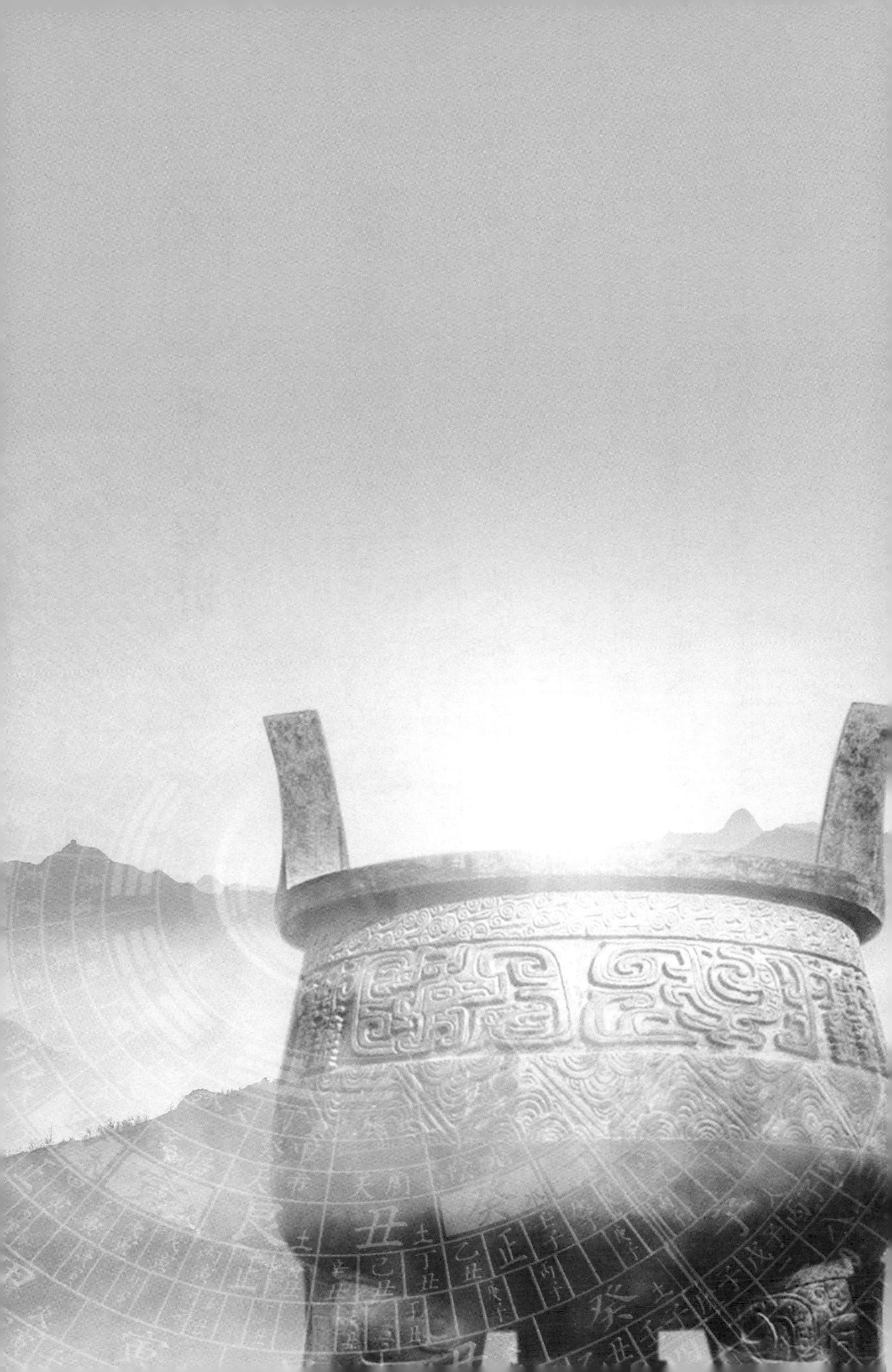
艮
丑
乙丑
丁丑
癸

第三章 名人解析

前言

本章內容，乃老莊研究斗數的私人筆記，既無關個資保護，也不妨礙職業道德。若事件吻合，純屬巧合，值回書價。如果趨勢不搭，當作老莊腦筋失常、胡言亂語。

特別是手中還備妥大把名人運盤，請讀者給點實質鼓勵，多多分享、介紹本書，他日才好讓更大咖的人物浮現，並見證斗數超強的印證能力。

老莊解盤，會依據命宮星族，做族群性格分析。14主星的寓意很重要，是命之本心、太極根本。依次再藉由星、宮融合，推演星職的兩儀樣態，最終才運用四象完成運勢解析，完備命盤整體。

本章主軸以忌為優先，只要掌控好它，自能輕鬆運用。不過要記得先把第一章基礎弄懂，第二章規則熟練，外加無敵運盤，一切斗數必然迎刃而解、算無遺漏。

範例一 成也新聞、敗也新聞

這張命盤歸檔多年，一直壓在電腦沒研究，由於寫書對照很多名人，發現此盤很適合介紹。詳閱後，再尋些新聞佐證，心中一把無名火，竟有些憋不住。

請看附圖二十一，有六個宮位（註記A、B、D、E、T、O），分別衍生祿、權飛入同宮的現象，這格局十分特殊，除愛情A歸屬六親，其餘各宮均屬「我」宮。

主 紫微七殺／
陀羅文曲力士
2013
祿入武遷 權入狼遷
科入梁子 忌曲自化
生忌
25～34／運福
己巳 47 愛情宮
主／
祿存紅鸞博士
連任2014
祿入日疾 權入武遷
科入府官 忌入同社
水泄兄忌
流命
15～24／運田
庚午 48 手足宮
主／
羊刃天姚官府
2015
祿入巨疾 權入日疾
科入曲情 忌入昌福
05～14／運官
辛未 49 本命宮
主／
天鉞 伏兵
出軌2016
祿入梁子 權入紫情
科入輔田 忌入武遷
15～124／運社
壬申 50 父母宮
主 天機天梁／
右弼火星青龍
2012
祿入狼遷 權入月社
科弼自化 忌入自化
生科
流情
35～44 運父
戊辰 46 子女宮
第五大運
C 君
19X9己酉年
45-54
附圖廿一
主 破軍廉貞／
天官文昌大耗
敗選2017
祿入自化 權入巨疾
科入月社 忌入狼遷
流命
05～114／運遷
癸酉 51 福德宮
主 天相／
天刑 小耗
0000
祿入月社 權入同社
科入機子 忌入巨疾
45～54／運命
丁卯 45 財帛宮
主／
左輔地空病符
2018
祿入廉福 權入破福
科入武遷 忌入日疾
95～104／運疾
甲戌 52 田宅宮
主 太陽巨門／
天福 將軍
0000
祿入同社 權入機子
科入昌福 忌入廉福
55～64／運兄
丙寅 疾厄宮
主 貪狼武曲／
奏書
2021
祿入月社 權入同社
科入機子 忌入巨疾
生祿
65～74／運情
丁丑 遷移宮
主 太陰天同／
天魁地劫飛廉
2020
祿入自化 權入機子
科入昌福 忌入廉福
75～84 運子
丙子 54 社交宮
主 天府／
鈴星 喜神
2019
祿入機子 權入梁子
科入紫情 忌入月社
85～94／運財
乙亥 53 官祿宮

附圖 21

何謂我宮?排除父母、手足、愛情、子女、社交等人眾宮位，剩餘宮均可廣義解釋成我宮。特別的是，象徵戀情、配偶的愛情A，宮化呈現祿、權入遷、映命的C映↘B結構。

表示夫人非常「關心」異地打拼的C君，這種黏呼呼的體貼模式，日後還會幻化成實際行動利益夫君。老莊又瞧了瞧其他，才曉得夫人的學經歷如此優秀，想想心中更來氣。

記者出身的C君，原是名政論名嘴且身兼電台主持，由於頗受好評，被統一的黃袍黨視為明日之星，於二〇一〇年徵召他角逐天龍國議員。C君知名度高，果真順利轉職為議員，隨後又於二〇一五年連任成功。

從愛情A發現，情權對C君(權入武遷映↘命)，存在強勢主導意志。意味夫人對C君的起居、動向十分關心，針對他的人生，必給予不少規劃。

不過夫人應不太贊成C君轉職，從生忌＋情自化忌，可嗅出夫人雖關懷C君，但對其政治功名顯得意興闌珊，甚至有些阻撓之意。（雙忌↘沖T）

由於科是貴人，夫人對C君從政並不上心，但C君的官祿T，卻能穩妥降伏夫人。當T宮祿、權同時入子（T↓Y映↘O），意謂「它」乃C君強有力的武器。即便T宮遭到愛情雙忌警告，卻另闢一扇窗給自己，也就是C君的桃花魅力。當事業出現高牆，T宮的科、權、祿就是最好的解方。

從官T（祿＋權）映↘Y理解，攸關兩性方面，C君具備很高的自信，或許來自床第功夫的不凡，可藉此取悅夫人，從T映↘Y可以得到這方面的啟示。

特別的是，子女Y和愛情A，同時擁有自化忌◎，但生科卻能調和鼎鼐，畢竟生科溫和、貴氣十足，能降低忌◎干擾及衝突。和為虎作倀的生忌很不一樣。只是生科雖有化險為夷之效，但放眼整體人生，仍有不讓人省心的過程。

加入時間軸的伏科則不然，它看似緣自生科，卻不等同生科，當加註時間參數後，「伏」的優質將大幅擴散。由於伏比生強、更棒，當事業遇見瓶頸、阻卻，只要適時發揮桃花作用，便有意外斬獲。（參考第二章生化與伏化的作用）

可惜C君的濫用，把男人翹首跂踵的天份，胡亂瞎搞、淫慾釀災。畢竟兩性觀未必健全的C君，說是現代陳世美猶算是抬舉，幸好他也無緣晉級附馬爺，否則對社會危害將更大。

由於子女C的宮祿益處、他只給自己（Y映↘B），當透過人緣得以順利由記者轉職議員，已令許多同業羨煞。

但從子女宮權（映↘H）的角度，愛情A的夫人，雖擅長對C君使用情權、管控外務，然而閨閣房事，C君卻又精準挑中老婆軟肋，以身體制住她的身體。

生活中的涉外事務雖由老婆做主，但枕邊耳語的影響力才是可觀，以致赫然發現夫妻雙方的共通處，均存在類似的控制慾。

從子女C科著眼，自私的科自化（科◎映↗O），只庇蔭自己和財庫，所謂肥水不落外人田，正好運用在C君身上。

但天下沒有白吃的午餐，他的田宅O同樣承接兩性關係裡，所衍生的一切負能量（Y忌◎↗沖O）。最終他那可恥的背叛，自然讓家庭及家族蒙羞。

值得注意的是，Y的生科雖減輕了忌◎的危害，但攸關科◎，並非1＋1＝2或大於2的算法。

生科＋科◎由於興旺過頭，暴露自戀與自大，又促使他浮誇、遮掩、虛偽等爛桃花性格。幸運的是，這等偽善的面目，卻意外成為他備受世人矚目的利器。

當子女Y成為大運宮，更發揮無利不起早的無往不利作用。譬如象徵十年家庭的大父Y，雖搭配不良的自化忌，但Y的伏科，卻發揮伏∨生的伏象（第二章第七節），一口氣便將忌◎的不良影響消弭過半。

除了幫C君抵擋一切內聚或外來的負能量，令忌◎無法產生絕對威脅，且伏科隸屬太極，忌◎則屬次階兩儀，當大運父的小陰陽，化身成階段性麻煩，自然被太極的伏科給限縮，甚至用大化小的力量，緩緩地把自化忌給吞噬掉。

原本Y的公式：科◎＋忌◎＋生科映↘沖O，代表兩性過程即使偶有瑕疵，但最終的公式卻變成：科◎＋忌◎＋伏科映↘O，也就是說：沖O的能量最後消失了。

意謂大運父，受到伏科的全面保護，而忌◎的結果，也無法再用沖的能量，把傷害田宅的結果呈現出來。

同理可證，當大運官B的宮科入曲情，以原本的命B公式：B科映↘T，到了大官卻變成：B科＋伏忌↘沖T。那原先的映消失了，形成先吉的初映，最後被伏忌取代。

由於科＋忌尚有藕斷絲連寓意，象徵科＋忌的愛情，只夠發揮小科能量照看部分的官祿T。結果事業T，承受不住巨大的伏忌破壞，至於大運官B又透過宮科，表示：事業的一開始，C君雖可以透過情A，讓夫人產生部分助益，然而在入情的過程，卻遭到強大伏忌重創。最後伏忌不只傷害了C君的事業，它的滂沱破壞磁場，一併也把C君的前途葬送。（B科＋伏忌↘沖T）

當印驗十年內，夫人初期還似乎樂於協助C君，但越到後期，越有別指望她的樣貌，也就意謂她不會再提供實質助益給C君。除彰顯伏忌的威力，也等同宣判C君再動之以情、動之以性，也無法融化夫人。

或許這正是C君二〇一六年偷吃的緣由，畢竟C君宛如面首，經常被動、被迫地討好夫人。而這些手段，若換不到夫人相助，為彌補身心靈缺口，找了一名守活寡的女調查員，以另類的同病相憐方式，一拍即合。

二〇一四年的流年命宮H，在權、科兩處，分別備妥權入武遷、科入府官的數據，代表C君官運正旺。

雖然該階段大運，夫人有前幫、後拒傾向，不過二〇一四年仍屬五運前期，且流年情Y祿映↘命，利益盡歸C君。於是借助強勢流年、流情，呼應愛情A的權、祿能量。

由於科是貴人，伏忌又和生科不同，二〇一四年的流年情Y能仰賴伏科。老莊特地用黃底加註，代表該年得以利用伏科動之情理，勸說夫人協助（Y伏科映↘O田），而且是沒有任何副作用的大伏科。

果然真如媒體闡述：夫人本在考試院任職，由於C君二〇一四年競選連任，夫人擔心怕給選民帶來行政不中立的誤解，為協助夫君，毅然辭去公職。

此舉符合原先情A（祿＋權）映↘B的趨向，C君也自然得以在該年繼續連任。不過相信夫人，經由骨感妹事件，應對當時的卸下公職蠢動感到後悔。

再者C君在議會的一連串胡言亂語，雖為掩飾家庭內的卑微，於是找了名長年老公不在家的女生，確實有點相互取暖的味道。

但此舉，早被過去的記者同業盯上，果真被發現彩蛋。精蟲衝腦下的C君，二〇一六遭壹週刊直擊，和骨感妹在東北角幽會，不久後坦誠，他的身體某部位有不正常聯結。

（內心OS：真他媽難寫，什麼香菸走私＝超買，買春＝人與人聯結，隱匿疫情＝較正回歸，搞得老莊現在連通姦都不會寫，只能暗喻。）

自從中央高層發明許多驚句，什麼塞車要學當聰明用路人，缺電乃是用電過度，進口萊豬還要消費者懂得拒買……天呀！都覺得自己變傻，用字遣詞原來要這樣。

回到正題，任何大運，除了考量大宮沖本宮的陰陽沖兩儀外，還有陰陽沖體法則，也意謂大運、流年只要任一宮，發生入遷沖本命，也符合凶象發生的預估。

觀看第五運，從大遷I和大社J裡，看見大遷忌入狼遷↘沖B命，和大社忌入武遷↘沖B命訊息，老莊特別用灰底做出標示。暗示大遷I和大社J，十年內，均有不利於C君的事件發生。

首先以大遷I的↘沖命研究：當C君外出、異域，執行計畫或交通，有高機率產生猝不及防危機。其中沖命者，常見重創名譽或身體受損。

星主可視為事件關聯，從忌入狼（大遷I）三個字，得知罪魁指向貪狼。貪狼星為桃花正主，乃情、物慾的代表，意謂C君此事，恐與風花雪月、桃花不倫有關。

至於大運社J表示，C君十年的社交關係具備重大危機。社群通常意指普通友人、部屬、同事，也泛指普羅大眾。對一般人雖未必重要，針對需要選票者就不得不警惕。

由忌入武（大社J）得知，引爆點勢必和武曲脫不了關係。尋常人對武曲印象多傾向於動態財星，但莫忘武曲本質乃孤剋之星的「孤」，這職掌即是代表緣份的終結者。

當孤星降臨在大社沖命下，表示C君得罪的人已太多了，當中不乏等著看好戲的前同業。

對於一位需要仰賴選舉的議員，幽會敗筆必累積許多負評，而文山區住民，歷來以保守的公教人居多。當二〇一七年選舉一開盤，就知道選民必讓C君滾回家去。

至於敗北的流年，正巧落在流命沖↘本命的灰底部分。（流命忌I↓E↘沖B（本命），果然人在做天在看。）

再回頭研究C君的原命盤，一九X九年生，命中無主星，借對宮狼武，列入空曜系、狼空武族。代表他腦筋清楚、口條清晰，有個大好無冕王前途，尤其年少越辛苦越有成就，反之少年得志則不幸。

由於盤中有兩大敵人始終糾纏，財帛D則有三隻惡狼，導致C君自毀前途其來有自。首先是本人的福德I，有福忌入遷↘沖B命，福德又名智慧宮，掌管腦袋所想諸事，攸關判斷、決策能力。

該宮忌由貪狼所化，而本宮星主亦有廉貞。毋庸置疑的，C君思維本就帶有情色、放浪、無所謂等趨向，對於慾望的追求本來就很高。

偏偏選上議員，大頭症碩大，接連幾個口誤、鬧了笑話，卻依舊死不認錯、誇誇其談。

悠遊卡曾在二〇一五年，找AV女優波多野結衣行銷公益卡。老莊當年挺佩服這壯舉，還扼腕運氣不佳，沒搶到限量版。C君卻倚仗議員身分抨擊；「拿色情當賣點。」

道貌岸然面目，豈知隔年就因「色」躍上熱搜。東窗事發後竟厚著臉皮說啥私領域，請媒體朋友給他空間。曾幾何時，身為記者、名嘴、議員的他，給過多少公眾人物私領域？

與其說是咎由自取，應莫忘：「早知如此、何必當初」的古老警訊。

第二個敵人則在父母J的父忌入遷↘沖B命，該宮看似探討父母、上司，卻有隱藏版的婚後家庭角色。

夫人學經歷很棒，讓外界常有C君高攀夫人的印象，尤其C君氣質玩世不恭，讓娘家人一度反對兩人交往。儘管後來修成正果，但多年無子息，又是C君額外心病。但子嗣終歸天定，無需強求，但伏筆終在大運盤顯現。

讀者若想瞭解人生天敵所在，只要從運盤找出何處的人↓入遷，就能輕鬆解答。（陰陽沖體屢試不爽）

再者攸關經濟三傷，命宮B為太極的主宰，形塑性格，還身兼財之氣位。

C君命忌本就入福↘沖財，代表他喜歡動腦筋，聲名大噪又常上電視。可惜聰明人卻幹糊塗事，明眼人又幹淫亂事，果然色迷心竅，真不知是蠢，或倚仗媒體人出身，副作用就是：損了名聲，毀了前途，更砸了自己的財源。

第二、三處的財D天敵，分別在疾厄F與社交G，與原先命宮B，合計三處。疾厄、命宮屬於一六共宗，社交G則印驗聰明反被聰明誤及不當的選舉花費。未來若不改改本性，攸關社交損人不利己的錯誤還會上演。

同理可證，想知道誰是財宮殺手，找出宮忌是什麼人↓入福就對了。即便管不住身體，也要管好下半身。

C君曾一度走紅媒體，又順利成家、步入政壇，可謂人生勝利組，卻忘記發跡於客觀的時事評論。

多年前老莊也偶爾關注過C君的談話內容，覺得他挺有見解，可惜選上議員後，彷彿人間蒸發。再看到他的消息，竟因為「彥伯問臍」躍上版面，主客易位成為名嘴撻伐對象，政治路，果真害人不淺。

然他的問政荒腔走板，且以不名譽收場，對當時夜間拼搏小黃的老莊看來，只是一笑置之，再無其他惡感。

範例二 非戰之罪

這張貌似不錯的盤（附圖二十二，頁115），如果單純用星斗推敲，該佈局基礎屬心地光明的日照雷門，算是評價很高的格局。

即使盤面不如辛年生者，但對壬年者亦屬佳作，終究生祿在命、財宮亦有祿馬交馳，若呼應到官祿宮，屬於雙祿朝垣、貴不可言！

若用斗盤簡單評析，說得頭頭是道，但該盤真如老莊形容那樣貴不可言？用運盤一套，完蛋！現出原形！只見官祿C，有個官忌入情的水官忌（Y↓↑G↗沖Y），若銜接到某大運，還會變成反弓忌。

若非採用運盤預知，命主若被慫恿去創業、經商，或懷抱外交、選舉、投身公職等，恐怕是鳥鼠入牛角＝穩死。

尤其福德宮D，備妥加強版的水命忌（D＋◎↓↑E↗沖D），這種福忌沖福＋祿自化，非但給命主庸人自擾、鑽牛角尖的毛病。若被有心人利用、刻意出賣，還真以為對方誠心幫忙。

這類體質衰的運盤，最好恪守本職，後勢或許可期。可見若繼續使用傳統星盤，掛一漏萬的機會可是很高。

運盤中的YZ，上遍各大政論節目，老莊上網查了查，學經歷很優，老婆還是位新聞主播，喔！原來是位恰北北的前主播！談到那群媒體人，不知用啥通天本領，老莊只想找些資訊佐證，很多名嘴卻竟連基本檔案都不好找。

看到鬼啦，名嘴耶！網路上，除了一連串的YZ假面夫妻的近期評論，過往值得參考的，竟然屈指可數。

既然當了豬不怕肥的公眾人物，要有心理準備，別像範例一，醜聞飛滿天了，還啥私人空間？想想真丟人。不如人家H總、老K（範例六、七），好壞都一堆資料可公評。不扯了，來看看YZ和斗數關聯。

YZ生於一九X二年，屬太陽系、日梁族，符合正面陽光形象。可惜瑕疵宮有兩處：

官祿C掌管命主運氣，外加本職、學能、技術，也屬經營賺錢本事。當中卻有個水官忌。（第二章【陰陽互動】），令此生事業常有半途夭折的無奈。

除了不可控的外在元素，最大缺失，還是本人學養不對等的判斷力（福德宮）。福德D體察智慧、福氣，論學歷YZ堪稱學霸，特別還以學優則仕的概念由記者轉職名嘴，更是人人稱羨，但背後艱辛，恐怕比同業多很多。

由於YZ的心態、想法有銜接不上的落差，不單經常熱臉貼冷屁股，還被同業莫名的主動潑冷水。儘管他的心智機敏，行為卻像個小孩般天真。

都什麼年代了，誰有心思和他掏心掏肺，於是當ＹＺ受過幾次當後，矯枉過正又成為他此生另一個夢魘。這便是水福惡忌，給ＹＺ帶來決策時的危害。

水福惡忌究竟啥怪獸？和水官忌的陰陽互動相似，D宮福忌，發射負能量到對宮E，福忌則在E宮經由改造，再折射成更大負離子，反殺回D宮，公式為：D⇅E↗沖D。（附圖17-3或4）。

這名為類自化忌的水官忌，落在命、財、官三宮，就稱為水命忌，而ＹＺ官祿Y就有水官忌。這種忌，危害不只一時，而是每次替換大運，就要再被厄運凌虐一次。

特別是福德D內還有自化祿，單獨以祿研究，了不起給ＹＺ樂觀過頭的影響。但經由水福忌折沖，外加祿◎，就形塑出更大雙忌。而且是1＋1大於2的綠巨人級別的雙忌，老莊就以水福惡忌定義。公式：D↓↑E＋祿◎↗沖D。

若覺得副作用沒什麼，那就錯了，當YZ面臨重大決策，這類忌↓↑會悄然吞噬智慧，讓YZ成為不斷為自己；或幫別人擦屁股的勞心者。

這點和咱們前總統水哥很類似，但慶幸YZ登不了九五，否則像水哥自以為娶了形象佳的賢妻，殊不知母夜叉一入門，命盤指數就不斷下挫，終至交割、下市、入獄身殘，至今還換不到特赦。

但YZ雖和水哥情似坎坷，卻仍幸運不少。可惜依舊整得他厄運連連。

雖然老莊不相信借助外力能「改運」，但只要有人問起，還是會請對方調整心態，放下執念，運就能改。其實命運操之權在己，如同解鈴還需繫鈴人的老話：解鈴還需繫鈴人。因此如果借助有關係的外人，命或許真的能改。

不過依照斗數而言，改運，技巧在於遠離事件的趨勢，那該如何做呢？首先

當然要找位斗師，幫您看看運的趨向囉！（記得老莊是個不錯的選擇／工商服務一下）

譬如ＹＺ的命宮Ｆ，有權入同情Ｆ→Ｇ，象徵自己很想積極掌控愛情，於是傾向對愛侶的控制慾較強。當藉由Ｇ宮裡的天同轉入對宮Ｇ→Ｙ，表示ＹＺ透過專業，會懂得讓事業依附權勢、遇難呈祥。

公式看似：Ｆ→Ｇ→Ｙ。但

附圖 17-3

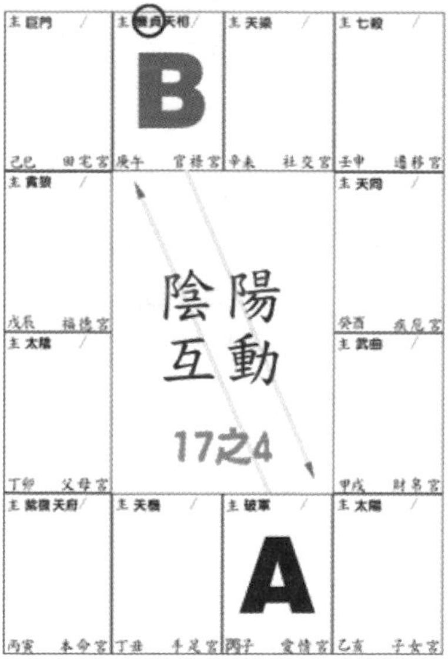

附圖 17-4

F入↓G，只是藉由G再轉入↓Y，實則映的是F映↗Y。（第二章二節陰揚各動）

如果命宮和情宮共參，會延伸出：看似做好事的F權飛入情宮，卻偏偏在愛情G裡遇到險阻。非但YZ的命權無法掌控情宮，反遭情G內的權自化◎痛毆，更透過權巨門製造出口舌是非。

當夫妻的情份既已痕痕，妻權◎又直接破毀對宮的事業Y。（公式G權◎↗破Y），以致YZ命宮F權偷雞不著蝕把米，闖進比它更凶猛的愛情G，不僅不敵，還被人家給端了，仕途自此也蒙上陰影。

想知道史上最強權自化◎，是如何透過十年大運弄垮整個人生，後續範例還有更強篇章。

正常狀況，「忌」會↗衝撞對宮，其他的祿、權、科都是用「映↗」來庇護對宮。唯有自化權◎這變態，不單壯大自身主導能量，亦令對宮產生↗破耗。

所以ＹＺ愛情Ｇ，就有隻迅猛龍般的自化權。意謂夫人會是一位家暴型女子，由於透過巨門所化，恐怕是個嘴賤，喜歡用口語攻擊別人的貨色。對不起，老莊對傾向欺侮弱勢的人，就是這麼直白。

為了比對本範例資料，才知道二〇一三年時事，某位要芳療人員下跪的新聞主播，竟是ＹＺ的老婆，天呀！這也太巧了！從該事件觀察，播報台前的氣質，敢情是裝出來的？私下竟得理不饒人到此可恨境界，想必在家裡也是頭悍虎？

老莊懶得研究那前主播，但相信透過運盤，她那品行不端的真面目，必可揭穿（以後有空再來排看看）。果然又是一位知面不知心的人類。若以ＹＺ的人品面向，那位賤內絕對是配不上他。

顯然選擇對象，ＹＺ非常順從自己的情宮模式，真把潑婦娶進門，這便是不知不覺被命運悄悄操控。如果想要改運，ＹＺ就要拒絕執行命權入情，否則命、情兩端，煙硝味肯定濃烈得令人窒息。

可見造化弄人！搞得網路上，攸關YZ夫妻倆的好新聞少之又少，盡是貌合神離的「假面超人」報導。

想透過斗數改運，方法就是下次找對象，記得尋個傻些、天真浪漫或懦弱女生，那麼愛情G的負能量，就能逐步、緩緩地消耗掉。

怕只怕YZ又被判斷力綑綁，誤以為貌美、正直，匹配得上他自己的，就能天長地久，真是想太多。

畢竟斗數能藉由形而外的狀況為自己改運，譬如娶個軟弱無能的嬌妻，那G◎權的磁場自被限縮。不過前提是，非表面看起來軟弱，而是從運盤裡實際體現出怯懦的女生。

別以為老莊說得神奇，就以為不可能，畢竟六親宮，除了父母、手足無法選擇，其餘人等的抉擇權，仍操之在己。後續範例三，就是一名被騙而莫名被迫改運的女生。

譬如ＹＺ曾自曝：「從小孩出生後，娘家對小外孫的教養一直強勢介入。對當時還在跑社會線的他，5萬收入根本負擔不起。於是從兒子2歲多開始，夫妻感情產生裂痕。」

從愛情Ｇ情忌，分析ＹＺ命忌Ｆ，說兩人天生冤家一點也沒錯。這命Ｆ與情Ｇ兩處宮忌，不約而同以入子、沖田的姿態飛入子女Ｂ，也就是Ｆ、Ｇ忌↓Ｂ↗沖Ｊ。

兩人忌的出發點如出一轍，都源自教養小孩，不過當ＹＺ提出想法，命宮Ｆ就下達權指令到情宮Ｇ，又一次被無情Ｇ打臉。非但情Ｇ◎權懶得理會，又直接殺了ＹＺ事業Ｃ。自此兩人口角的引爆點，就繞著入子Ｂ↘沖Ｊ田打轉。

由於YZ、老婆都關心孩子，結果用沖田J來製造分離？不用老莊解釋啥是田宅，再轉忌到子女B，看看子忌B如何產生聯結，透過子女、兩性的共通性，子女問題又從子忌入兄、沖社觀點切入。也就是B↓A↘沖X。

手足A表現金，當YZ坦言，收入不足以因應孩子額外費用，攸關孩子的問題B忌，便源自現金A，進而又沖入社交X引人非議。

這就是原本兩人單純的子女教養交流，卻因夫妻倆的公眾身分，導致沖↘到社交，再變成傳媒話題。

如果用同樣B↓A↘沖X組合，模擬兩性關係＝不愉快的兩性交流B，衝突點源自現金A，最終負能量↘沖往社交X。

而社交X的另類涵義，即情之疾，表示愛侶的身體及情緒，當它受沖，YZ與妻子，便製造出對立及裂痕。

神奇吧！透過類似數學參數的計算，讀者應能快速領略斗數奧妙。

因此老莊半開玩笑希望YZ下次找對象，務必找個傻些、懦弱的女生。否則瞧瞧，他自己的疾厄H；當中身體及情緒的指數，不免又陷入疾忌入情的慘況（H→G↗沖C），如此周而復始，何時才有盡頭？

連子女宮忌，都逃不開命運糾纏，還不使用其他愛的能量化解，否則倒楣的不光自己還有子女！

怪只怪YZ命不如範例四、五的兩位老人家，人家要嘛一妻五妾，要不就締造個三婚四情，而YZ卻連一名惡妻都擺不平，果然同人不同命。

何況不服輸的命權F、情權G和官權C，您說，不找個軟弱的，就只能抱著羅漢腳友人的志向，唉！綜合YZ運盤，情就是YZ無法規避的致命傷。不過夫妻共伴效應還是有的，否則YZ斗數指標怎會如此契合。

假設夫盤無離婚徵兆，而妻盤則百分百，那該如何判讀？如果婚離得成，不就妻準夫盤不準，倘若離不了，那吻合了夫盤，妻盤不就失焦？

於是當夫妻共盤，是可以增加準確度，即便看似神奇的斗數，研究的依然是趨勢而非論斷。

從網路資料得知，YZ曾投身新北市議員選舉，咱們再來瞧瞧，斗數又能傳達出何種訊息？

首先把運盤改成34－43的大運格式，也就是把大運命定位在田宅J，依照逆時鐘將各運位排好，就可搭程時光機，返回二〇〇五至二〇一四年的時間。

從第四大運數盤，發現大運官H（疾厄宮），具備一股大官忌入本情沖本官亂象（H→G↘沖C），簡稱大官沖本官。意謂十年內，YZ的事業浮出不利於己的警訊。

老莊把過去陰陽沖兩儀的法則；大官沖本官兩處關聯，用灰底做記號，找出破壞事業最高峰的流年點。

YZ肖鼠，運盤屬第四運，就從子垣（子女宮）37歲起算，數到43歲那年正好遇到二〇一四年。所以重點來囉，請看二〇一四年的流官H，是否恰巧與大運官的H疊宮，如此二〇一四年便成為小宮沖大宮的關鍵斷點。

經查證後，YZ在二〇一四年的得票數3695，引恨落選，所以這仗該算是敗在自己，還是敗在命上？

建議YZ下次參選，記得找位斗師，算算勝率，免得又白走一趟既傷心又傷錢的冤枉路。不過又瞧這YZ的福德D，唉！YZ別再鐵齒啦！

範例三 天使蒙塵

看了渣男、惡妻案例，再來瞭解一下，什麼運盤是單身女性最害怕的？（附圖二十三，頁135）

WR是位可愛的女生，老莊看資料時，才知道WR早在少女時期，就拍過150支廣告、封面。不過印象最深的，還是小氣大財神中，在乃哥身邊的助理主持人、小天使。

筆者那時剛從內地返台，閒賦了一段時間，看電視就成了日常再不過的消遣。只是忘了從哪個時候，她突然在螢光幕前消失。再得知消息，竟是從新聞上得知WR，和掏空自家航空的張某，感情匪淺。

原來當年淡出藝能界，緣由就是和張某共譜戀曲。如今的她，雖仍身在演藝圈，但人事已非，氣運似乎不如從前。

從運盤觀察，WR的愛情X有生祿，示意姻緣早發。可惜X宮祿入官A映↘情，衍生類↓↑自化祿＋生祿敗局，這種結構稱為引出祿，在斗界視為變種病毒。

非但將原先祿的好處，轉到對宮A造成損失，最後還化成雙忌，成就孽緣。由於這類情祿，僅止表面風光，實則氣運已洩，背後亦潛藏先吉後凶徵兆，對婚姻而言絕非好事。

況且愛情X的權、忌，同時飛還沖命(X↓J↘沖Y)，意指愛情來得快、去得也急，在權忌共參下，還藏匿有難以遺忘過去戀情的後遺症。

既然情祿的優質性已然變調，依據祿隨忌走原則，這種變象雙忌，勢必隨著宮忌↗衝撞命宮F（自己）。意謂WR未來配偶，非但不是良人，化身不肖狼人的機率也將變高。

表示WR此生最不利己的方位，就來自愛情C。因為每隔十年，情宮又將轉化成其他型態、再沖一次。

類似這種宮位，還包括田宅K，不過田宅K的爆發力，不似情宮X的凶狠。但莫忘田宅K象徵財庫還有原生家庭，攸關後續的困擾，才令人頭痛。

再從運盤觀察，WR的大運愛情D，呈現十年姻緣線（用灰色框列）。尋常大運情，只要宮化與情、官、命有關，可視為姻緣浮現。

由於大情D宮忌，此時有大情入本情狀態，表示十年內，WR姻緣的成功率很高。可惜姻緣徵兆卻落腳宮忌，恐怕挾帶某些副作用。

畢竟情宮的對立面屬於官祿A，它蘊含WR的十年事業基礎，如今深受情宮X所↗沖，連帶遭受重創。如果能夠避開此姻緣厄運，未來受傷程度，必會消停些。

終歸WR情宮內涵並不樂觀，假設任由自己栽進不良時間點，那壞上加壞的運數，自有所託非人的結局。

終究婚姻屬有選擇性的六親，並非被動主宰，若能提前施打預防針，而不任意隨順運數，自有機會暫離命運窠臼。（可惜這招WR沒嘗試，卻被渣男張先下手為強）

WR一九X五年生，乙丑肖牛，命無主星，歸納空曜系、同空巨族。從運盤子垣D著手，由於運圖隸屬第二大運，就從25歲起丑，算到下一格流年，即父母S宮（流命）。那麼這時流情D就和大情D產生重疊，代表WR理應在26歲結婚。

不過這裡有個陷阱，就是說，原本第二運的提示，WR十年內有婚姻，推算最高機率的結果在26歲F，然而二〇一〇年不是已跳離15－25區間，這種現象稱為跳宮，很常見的模式。也就是大運、流年銜接點出現落差。

必須再往前推算，看看本大運，是否還有其他時機。由於姻緣早發，竟發現19、21、22、23流命，還有21、23、24、25流情，通通具備結婚要件。兩者合併，得到19、21、22、23、24、25等六數據，即便排除26歲，也有6／10（5分之3）強，縱使再嚴格些、扣除流命，光憑21、23、24、25，也有2／5。

對斗師來說，就算是閉著眼，也能矇到10中4的高機率。果真姻緣早發的桃花大運，十個年輕流年，竟浮出這麼多姻緣線。

由於斷點太多，表示WR必在四或六的數據內成親。基於研究精神，老莊更動查核，把第二運盤暫時移至26－35的第三運區間，看看是否有姻緣？

遂把本命宮Y，改成下階段26－35的限情，懸疑的是，第三大運的限命O、限情Y真缺乏姻緣運。難道這種命，真要趁很年輕時把自己嫁掉？

從網路上查，二〇一〇年ＷＲ正逢26歲，也是她和前航空老闆張某，在峇里島結婚的年限。只是流年斷點，依舊停留在錯誤的26歲。這就有鬼了！

依照陰陽碰太極法則，既然以小碰大，才有時間斷點，也就是說要有大時間憑證，小時間才會準。那麼ＷＲ既與張某有結婚事實，理就發生於第二運的四、六數據。怎又是二〇一〇年的26歲？

老莊先前說過，斗數沒有準不準的問題，只有技術或方法對不對的問題。終歸26歲結婚，打破26－35沒有婚姻的預估。如果不考慮區段，26自然可排入第一順位。

可是即便26歲流運結構優異，斗數也沒有種子球員的機制，。一場騙局的真面目，就從媒體獲得驗證，因此可以列入非常棒的紫微斗數教材。

跳宮成為有轉無、或無轉有的關鍵。

就人性角度，WR成親於26歲，算是有婚姻保障。可是就精準度言，老莊對結果可不滿意，畢竟26歲乃脫離16－25區間。

列盤時，26、27歲雖能勉強併入16－25，不過由於大運為十進位，而流年則歸納十二進位。當兩項數據合而為一，命盤將產生兩宮數的落差。

假設斗師一不小心跳錯宮，就可能影響命主一輩子。這種表面上看得到，實際上卻沒有的情形，範例七還會再出現一次。

也就表示：即便雙方在峇里島有了結婚過程，但依舊處於沒在台灣戶政登記的狀態。就民法層面，當然沒有法定婚姻關係，也應驗斗數在26歲跳宮，沒有結婚的實證。

套句常用的同居話術：「有婚姻之實卻無婚姻之名。」這段不算婚姻的婚姻，當然不被承認。原因便是渣男張取巧賴帳，不僅欺騙WR、也欺騙了斗數。

讀者肯定覺得奇怪，這渣男張，還能騙了斗數？跳宮既屬特殊現象，也有機率衍生有化無。事實上，這就是一場騙局，是渣男張利用時間差，讓理應在第二運時結婚的ＷＲ，成了不存在的婚姻事實。

不僅改了ＷＲ大運，而且直接欺騙斗數，也就是說，渣男張有心為之的作為，還真幫了ＷＲ改運了。

讀者請往附圖二十三的愛情X瞧去，這裡標示科自化◎。依據第二章的陰陽不動說法：「自化如遇大運、流年，屬於變幻莫測、不好預測。」

既然遇自化必有變化，就看看到底變化了啥？

由於第二運的大運子X有科◎，表示ＷＲ在26歲，除了結婚還產子。但先前有言，26歲是第二運，必須察看第三運才能印證。接著把手足D，安插綠色限子，也就是第三運的子女宮（手足D宮）。

觀察到：大限命O有科入梁子、大限子D也有科入弼命，兩處宮科，呈現26—35有產子徵兆，那麼26歲的流年子（愛情X），無疑應驗科◎就是由一般女子變成媽媽的徵兆。

既然WR產子時間落在26歲，表示26歲前的WR，處於懷孕階段。這時候渣男張想必連哄帶騙說：等做完月子，就會和她結婚。

就這樣，把原本應該結婚的第二運，藉由孕期、生子的不便，硬拖過了25歲，也拖過第二運。讓26歲成了一個很尷尬的跳宮之年。

表面上孩子順利誕生，兩人也有了峇里島結婚假象，只不過回到台灣，卻成了未婚生子的事實。原本可以保有婚姻身分的WR，一再被拖延而未到戶政單位登記。

至於無辜的小孩，雖然有爸爸、媽媽，卻被親生父親給設計，在法律上，落了個非婚生子女的註記。寫到這裡，老莊真想飆罵幾句髒話。

果然死性不改的渣張男，沒多久，就和自家空姐打得火熱，對外還聲稱自己是「單身」。畢竟法定關係未明，兒子又似乎已冠上母姓，表示WR儼然妥協了。

讓人不禁感嘆，一場被誆入愛情的騙局，WR為了這段孽債淡出藝能界，和斗數不謀而合。幸好多年後，天都懶得收的渣男張，因掏空案被抓進看守所，只是從頭到尾，WR一直被框列在運數裡，這其實是件挺危險的事。

再從運盤看起，WR子女Z，還有一個子忌入田的類自化忌（Z↓↑K↗沖Z），這種危局已用淡黃色匡列。該結構曾在範例二舉例。就是當Z宮忌發射到對宮K時，經由折射，再反沖回Z宮的陰陽互動。

假如宮忌落在命、財、官三宮，稱為水命忌，而WR則屬於子女型態的水子忌。

這種忌在子宮Z顯現，意謂非婚生子機率很高。由於水子忌又稱欠債忌，代表情債，會因為母親虧欠，造成一系列情感或物質的投入。

身為母親，疼愛子女無可厚非，但一味愧疚而無條件奉獻，或藉由主動付出，即便無悔也容易形成溺愛。

無論男女都應該小心這種結構。一旦有類似趨式，務必調整做法，別把小孩養成媽寶，否則最終必將氣得半死，特別是對小孩未來的獨立性也不見得公平。

如今WR不再年輕，過往的第三運，就不再另闢附圖解釋。不過上一個26－35大運，愛情X已由原先的大運了，轉變成大運財X↗沖命，結果也從報導得知。WR在桃園開店，因破財後轉到南崁，據說已趨正常。

不過如今36－45大運，老莊既已看到，恐怕不好不做提醒，畢竟不忍WR前半生已糊塗被騙一次，這次可不能再重蹈覆轍。

況且這些年，老莊也在桃園營生，算是地緣上有些在地人情份。特將36—45附圖二十四附在本書，希望有認識WR的好心人，能將危局轉告。

請看附圖二十四，是大運36—35的限命K，原本對立的子女Z有個水子忌（大遷Z⇅K↗沖Z子），現在已改成大遷入田、沖↗本子。雖然不似陰陽沖太極可怕，不過仍要小心子女、合夥及兩性關係的變化。

特別是大限命K（K⇅J↗沖Y），還真出現大命沖本命跡象，也就是大限命A、遷J均出現警告。象徵WR十年內，無論名譽、生命或關乎賺錢運氣，將出現重大瑕疵。

由於愛情X，此次更換成大限疾X，又一次把負能量沖往本命V去。既然二、三大運，幾次都取得未婚生子和破財暗示，這次的大限疾千萬不能忽略。

尤其關乎大命↗沖本命的交疊，攸關身體務必做好養生，並定期保持健康檢

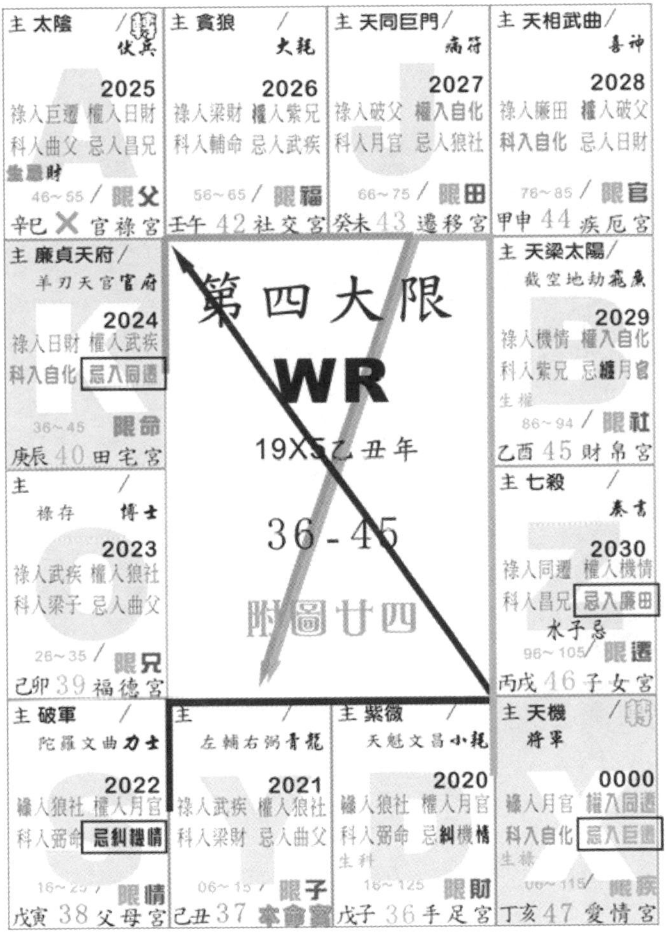
第四大限
WR
19X5乙丑年
36-45
附圖廿四
主 太陰
伏兵
2025
祿入巨遷 權入日財
科入曲父 忌入昌兄
46~55 限父
辛巳 官祿宮
主 貪狼
大耗
2026
祿入梁財 權入紫兄
科入輔命 忌入武疾
56~65 限福
壬午 42 社交宮
主 天同巨門
病符
2027
祿入破父 權入自化
科入月官 忌入狼社
66~75 限田
癸未 43 遷移宮
主 天相武曲
喜神
2028
祿入廉田 權入破父
科入自化 忌入日財
76~85 限官
甲申 44 疾厄宮
主 廉貞天府
羊刃天官官府
2024
祿入日財 權入武疾
科入自化 忌入同遷
36~45 限命
庚辰 40 田宅宮
主 天梁太陽
截空地劫飛廉
2029
祿入機情 權入自化
科入紫兄 忌入月官
生權
86~94 限社
乙酉 45 財帛宮
主
祿存 博士
2023
祿入武疾 權入狼社
科入梁子 忌入曲父
26~35 限兄
己卯 39 福德宮
主 七殺
奏書
2030
祿入同遷 權入機情
科入昌兄 忌入廉田
水子忌
96~105 限遷
丙戌 46 子女宮
主 破軍
陀羅文曲力士
2022
祿入狼社 權入月官
科入弼命 忌入機情
16~25 限情
戊寅 38 父母宮
主
左輔右弼青龍
2021
祿入武疾 權入狼社
科入梁財 忌入曲父
06~15 限子
己丑 37 本命宮
主 紫微
天魁文昌小耗
2020
祿入狼社 權入月官
科入弼命 忌入機情
生科
16~125 限財
戊子 36 手足宮
主 天機
將軍
0000
祿入月官 權入同遷
科入自化 忌入巨遷
生祿
06~115 限疾
丁亥 47 愛情宮

附圖 24

查習慣。畢竟此次徵兆，同時發出限命、限疾（一六共宗）的雙重警告，並非鬧著玩的。這陣子發現WR在T台，與名醫共同主持健康節目，希望藉由人緣及醫學知識，能協助她度過此次危局。

而疾厄除了意指健康，也代表官之田，即店面意思。既然WR的副業和開店相關，最好的話，請妥善處置。別認為是少賺，事實是不想讓妳多賠。當缺乏財運、財氣的支持，寧可少操心也不要多虧錢。這兩處，老莊特別用灰色加底提醒。

最後一項攸關姻緣，這次的大限情S，又和第二運時的狀況相仿。老莊再用深藍標線強調，方便讀者閱讀。由於36－45的大限情S，落在相同的宮忌。光看沖的路線，可謂亂得一塌糊塗。

上一局由於受到限福沖命（附圖二十三Y的田宅宮）影響，導致腦袋出現判讀失常，搞得良人、狼人傻傻分不清楚。這次可沒有先前智慧失衡因素，如果再錯一次，可真的豬八戒投胎。

畢竟WR的愛情本宮X，結構太差，不得不叮嚀。若詳看範例二，就知道YZ因腦殘，娶個悍妻入門。抑或未來範例的水哥，都是腦袋進水，被那恐佈的變相嬌妻搞得鋃鐺入獄，至今雖看似體「健」能主持電台節目，但終究身心已殘。

假設WR真有對象，乾脆耗著不結婚，反正單親媽媽也已熬了多年，不差那一紙契約。如果真要結，怎麼閃也要閃過二〇二四年、二〇二七年和二〇二九年。

箇中緣由，就靠心靈雞湯慢慢體會。畢竟身體健康才是最高原則。

然而第四限，爛事一波接著一波，但最爛結果，別告訴大家啥狗屁的復合。如果藉口說是要給孩子一個父親，記得二〇一〇年的渣男張，可不管母子同時設局，莫忘了水子忌B，還有個受子女拖累的夢魘。

而媒體寫得繪聲繪影，什麼傻等幾年求回頭，讓人嚇到吃手指。

若對象屬於其他，重點是不能委曲求全再被坑，唉！有愛侶還真不如單身好，多一事不如少一事，好好養育兒子、多多相處吧！

範例四　七（齊）人之福

猴腮雷是藝能界的老牌演員，沒料到他比孫悟空厲害，大聖爺降了七隻蜘珠精，猴腮雷卻駕馭了七仙女。

就目前二〇二一年最新消息；一妻、一前妻、五前妾。這七人之福，究竟跑了六位或被掃地出門，也唯有猴腮雷清楚。

不過老莊依然好奇，這種命盤，打死沒看過。於是想方設法，用運盤一張一張地套，哈哈！這張鐵定無誤！同好們，接著看老莊如何用陰陽不動、各動及互

動原則，引導大家，聊聊第四段故事。（附圖二十五）

猴腮雷的主星為廉貞獨坐，號廉貞系、廉寅族人。廉貞雖官祿正主卻屬次桃花。若附身於人氣質典雅、喜講風月。老莊認為，猴腮雷並非漁色之流，眾妻妾不過掩人耳目，實屬精神大於情慾的風華者。

廉寅本有藝文特徵，外加子女X有生科，兩性相處必態度翩然、言語幽默雅致，以此吸引異性，駕輕就熟。

廉貞不似貪狼主動，猴腮雷應喜以被動、曖昧為餌，就像風鈴花般等待女性接近，感覺對了，自然手到擒來。

然主星終為官祿主，攸關主導桃花意志，仍不假妻妾。可從掌管兩性、桃花的權◎（子女X），取得清楚指標。畢竟子女X、財帛P的參數「忌」，象徵財務收支，本就提供給服務他的女性專用。

社交N乃情之疾，是故兩忌入社N↗沖兄，自有它的道理。至於猴腮雷花錢後的身心靈，繼續開心沐浴在大眾對他羨慕的焦點及目光（子、財、疾、福四宮祿）。

特別是好面子的猴腮雷，只要錢能解決，什麼都好解決，別讓他煩心就好。

再從愛情S、父母A（婚後家庭）兩宮忌，巡查他找對象的端倪。情宮S表示妻子對猴腮雷的態度，畢竟夫人唯有一人，眾妾充其量只能視為婚後家庭的額外成員，擺放父母A，統一觀察即可。

以情忌入命分析，正宮對待猴腮雷心有虧欠，或許是「炒飯」技巧不夠配合，又不願意放棄對猴腮雷身體的所有權（情權入疾），為彌補自身不足，只好以其他方式取悅猴腮雷。否則正宮S，怎能寬容大度到與眾妹妹共事一夫。

而父忌入疾，意謂眾妾對雷公身體亦有虧欠，畢竟五妾事一夫，乃猴腮雷供

主 天同
陀羅截空力士
2013
祿入武官 權入狼遷
科入梁子 忌入曲福
96~105 運子
己巳 0 田宅宮
主 武曲天府
祿存 博士
2014
祿入日社 權入自化
科入自化 忌入同田
生祿
86~95 流情 運情
庚午 66 官祿宮
主 太陽太陰
羊刃 官府
免役系統2015
祿入巨疾 權入自化
科入曲福 忌入昌財
76~85 流兄 運兄
辛未 67 社交宮
主 貪狼
天鉞 伏兵
財務危機2016
祿入梁子 權入紫財
科入輔福 忌入武官
生權
66~75 流命 運命
壬申 68 遷移宮
主 破軍
左輔文曲青龍
0000
祿入狼遷 權入月社
科入弼財 忌入機疾
生忌
06~115 運財
戊辰 0 福德宮
第七大運
猴腮雷
19X9己丑年
66-75
附圖廿五
主 巨門天機
天刑天官大耗
2017
祿入破福 權入自化
科入月社 忌入狼遷
56~65 流父 運父
癸酉 69 疾厄宮
主
火星 小耗
2023
祿入月社 權入同田
科入機疾 忌入巨疾
水父忌
16~125 運疾
丁卯 75 父母宮
主 天相紫微
右弼文昌病符
鈴星
2018
祿入廉命 權入破福
科入武官 忌入日社
46~55 運福
甲戌 70 財帛宮
主 廉貞
將軍
2022
祿入同田 權入機疾
科入昌財 忌入自化
06~15 運遷
丙寅 4 本命宮
主
奏書
2021
祿入月社 權入同田
科入機疾 忌入巨疾
16~25 運社
丁丑 73 手足宮
主 七殺
天魁 飛廉
2020
祿入同田 權入機疾
科入昌財 忌入廉命
26~35 運官
丙子 72 愛情宮
主 天梁
地空地劫喜神
2019
祿入機疾 權入自化
科入紫財 忌入月社
生科
36~45 流田 運田
乙亥 71 子女宮

附圖 25

應得多，諸妾反饋得少。於是妻妾分工，使得夫君心理及身體，各自搭配以滿足不同需求。

再從父權入田理解，而眾妾真正關心、有興趣的，是猴腮雷的財庫而非猴腮雷本人。

即便眾妾並無名份，但日子只要過得如意便好。假設猴腮雷因應生理需要洩洪，這送往迎來的表面功夫（父科入疾），眾妾還是裝的出來。

並非老莊刻意貶低眾妾，把她們寫得既現實又露骨，只是諸娘子膽敢趁猴腮雷負債，立馬演出一齣大難臨頭各自飛的鬧劇，也不用留啥面子。

老莊也相信，猴腮雷對那群人老珠黃之流，早沒性趣。顧及的只是多年來共處一室；或曾經朝夕相處的那麼一丁點情份。

當然從疾厄B的權◎來看，過人體力還是有的，只是老莊並不認為猴腮雷生理真需要這麼多人服侍，他應是刻意不想擺脫眾妾需要他的那種被仰賴感。如論語所言：「譬如北辰，居其所、而群星拱之。」

別看一妻五妾看似人多，未必表示情多。從頭到尾，老莊也僅相信，猴腮雷濫情卻不好色，當然各懷鬼胎者大有人在。畢竟福德H的福權入社，和疾厄B的權◎共參，猴腮雷仍然具備高度控制慾。

換個角度看廉貞，它不僅是正官星能化祿、能化忌，還是位無須用權就能化「囚」的主。只是這囚於人，終究受囚於人的苦果，還是印驗在自己晚年。

有些人雖然喜歡誇張，但假設以妻妾月租費，每房改7萬降成5萬，各妾仍應過得不錯。畢竟傳媒版面，看到的是同甘而非共苦。

也就是說，猴腮雷這些年接戲頗多，透過「爆橘拳」，人氣甚至比年輕多更多。

他的官祿K，也算老來運俏越吃越香。否則膽敢從獲金鐘獎至今，又娶進一妻雙妾。

莫忘官祿定義為人之氣（命之官），亦納情之遷，屬於愛情外宮，說穿了，就是個金屋藏嬌的所在。

讀者瞧瞧官宮的生祿、宮化，不正是群芳爭豔、桃花爭開嗎？可惜權官自化◎最終還是肆意破壞了風情。

再從父母A的科、權、祿瞭解，明示猴腮雷也非常樂意付出。畢竟A除存在類自化的水父忌，還有類自化科（A↓↑B映↗沖A）。

從前面幾篇範例，類自化的欠債忌，就屬莫名虧欠婚後家庭卻仍然讓猴腮雷甘之如飴的自虐忌。

攸關享福、判斷的福德H，也出現福忌入疾↗沖父，老莊更大膽確定，猴腮雷的妻妾關係，實乃周瑜打黃蓋、各取所需。說白了這「喜」肉計，意謂猴腮雷多年來順風順水，不差那每房7萬的錢。只要誰敢進門，他就敢收。

再觀察財宮P收支，猴腮雷賺錢方法似乎不多（財忌入社），花費又集中在眾家婆娘身上（社乃情之疾）。

慶幸的是官祿K有生祿，宮化也配合得宜。主要仰仗這老戲骨，夠專心一致且專精一職，利用演藝、塞錢入庫（官忌入田），無論戲劇、廣告都讓他賺進大把銀子。

從本土劇的曝光度，猴腮雷戲份多、集數齊全，彌補財宮缺陷不難。再從手足T的銀行、現金看，祿入社、忌入疾↗沖父，完全吻合取之社會、用之身體、耗之家庭。否則如何應付每月妻妾幾十萬開銷，還有餘力讓各戶完成「住者有其屋」的結果。

當二〇一六年猴腮雷對外說出投資失利，導致債台高築的場面話，一團和樂的畫面，瞬間換成眾佳麗原形畢露、逃之夭夭的身影。

然時至今日，看似被拋棄的受害者，卻像唐伯虎點秋香裡的星爺；最後抱得美人又笑到最後？

猴腮雷每月既省了幾十萬，又不必再和那堆人老色衰的黃臉婆虛偽相處。如今的正宮，竟是之前猴腮雷生病時，主動探訪、照顧猴腮雷的閨蜜。時間才過多久，一個登堂入室，另一個則迎娶入門，且身為正室而非六妾。

瘦死的駱駝比馬大，猴腮雷能迅速搞個幾千萬來賠，不正是手足、官祿攜手搭配的默契？

換個念頭，被妻妾坑得負債累累的猴腮雷，不正巧給了他執行家庭「清零」的契機，經過家庭 PCR 普查，這新冠病毒哪藏得住？

人去樓空的家，如今迎來新的女主人。到底妻妾各自解散的新聞，是誰設計誰，又或者是誰才是妻妾離開後的受益者？只能說命◎忌的猴腮雷用心良苦。

特別的是，猴腮雷的自化，高達五宮六處，等於至少有五座宮位存在大變數。除權自化有四處，科權祿的類自化不算，還有水父忌和用沖體各一，精彩度不下迎娶諸房。

以下再用權◎重傷對宮觀點，名偵探老莊為各位解析。如果把連接的四個括號串聯，就能看到故事真象。

子女宮破田宅宮（兩性桃花傷害了財庫）

疾厄宮破父母宮（情緒亦破壞了婚後家庭）

社交宮破手足宮（當妻子的身體將現金折損）

官祿宮破愛情宮（雷就生氣斷絕眾妻妾的聯繫）

12宮職，似乎只剩下財福線平平穩穩，而猴腮雷的運盤看似危機，卻又遍地轉機。見柳暗花明，立馬又陷入猛爆凶局，難怪猴腮雷的戲裡、戲外充滿戲劇張力。

眼看受限制的財務總管P，應是早期社會對一妻多妾，停留在違反善良風俗觀感。看猴腮雷財庫天敵J（田忌入福↗沖財），乃透過齊人之福或判斷失誤，把入庫、入財機會給搞砸。當公眾形象受損，自然無法現金入袋。

不單從財忌入社、沖兄取得印證，否則猴腮雷也無需迎娶第五房時，因擔心票房受挫而主動掌嘴謝罪。幸好現在觀念開放，緋聞八卦盛行，外加誇張演技，猴腮雷已如魚得水，更加努力的製造傳媒話題。

直接了當的說，當年管得動他的前輩、同儕，如今哪個不是衰的衰、掛的掛。缺少了那群老傢伙掣肘，猴腮雷還不把年輕沒賺到的，利用大社祿入本社時的老運，一口氣全都給收齊了。

再返回本篇最開始的子女X瞧瞧，X宮忌入社↗沖兄，現金折損在妻妾手中理所當然。而且攸關現金T的天敵，最終還是毀於桃花、兩性及投資上頭（子女X）。

由於這張運盤，最大變數仍是自化存於各宮，老莊得再額外製作一張附圖二十六，否則顏色、宮位過多，讓人看得眼花，請讀者仔細閱讀，如此的運盤若運用空間法則，將會亂成什麼樣子，保證精彩程度破表。

以下運用權、科、忌自化來做個第七大運盤點。

首先採取有自化；就有變化的陰陽不動規則，瞧瞧N的大運兄（現金），屬於何種「權」的情境。

這裡呈現大兄權「破」本兄，代表十年內，大運銀行位，被猛爆型能量破壞。

（附圖二十五，頁191）

手足T乃銀行現金儲存位，卻因二〇一六年，當猴腮雷68歲流年，巧遇大運兄與流年兄疊宮（N），該年雷突然宣布財務危機。（二〇一六年流兄N灰底↘破本兄）

第二處是大情權「破」本情，由於權能量稱「破」，同屬宮破宮的大宮破本宮型態，這破的威力比一般忌沖來得碩大。象徵十年內，婚姻出現毀滅性風暴，由於沖在愛情S，這筆帳先掛在妻子上頭。（二〇一六年流情K黃底破本情）

再轉到疾厄B去，這裡擱淺一個權◎，乃專屬妾位的引爆點。由於疾厄B形成大父「破」本父，意謂十年內，猴腮雷的身心、情緒勢必遭遇婚後家庭挫敗。

由於父母A，同樣被權◎炸得遍地開花，這第二、三處的情、父宮垣，依舊逃不過眾妾紛飛的離異局面。一口氣把猴腮雷數十年的妻妾累積人數，一次性給清理光光。（二〇一六年流父B綠字破本父）

不過疾厄B，還保留大運父入遷↘沖命的結媾，意謂十年內，猴腮雷還要再被婚後家庭（文書位）整得身體欠安。

當然這帳不算結束，對面父母A，也就是大運疾。由於本身具備雙折沖，如今幻化成大疾沖本父，那二〇一五的免疫系統毛病，可嚇壞了眾妻妾，也埋下日後各安天命的伏筆。

當然順隨時間點，陸續製造一連串的大父沖本命結果。（請轉到附圖二十六橘字A沖本父）

所謂屋漏偏逢連夜雨，當人生已亂成一鍋粥，大運遷V亦悄悄地隱匿一股大遷忌◎↗沖本遷的災禍（淡藍線）。

老莊已然看懵，懶得再數這位置，該要算是第幾處？不過等於第七大運已有兩處列入陰陽沖體的入遷沖命型態。

遷移V管理一切涉外事務，包括計畫執行、出入安全和異域展望。若以廉貞的小三宮（官祿宮）及桃花屬性，自有外遇、不倫或自毀前程；菜蟲呷菜、菜腳死的自作自受寓意。（大遷沖本遷，藍字V沖遷移）

尤其當遷宮O，於第七運幻化成大運命，即便沒有權◎破壞，從宮化也可嗅到暴風來臨的前兆。意謂愛情S，在此限也將遭逢重大挫敗，時間點則在二〇一六的疊宮（綠色標線）。

最後一顆地雷，正如新聞所言已然爆裂，就是位處子女X的大運田（灰底），這裡的權◎，早形成大田「破」本田，表示猴腮雷的十年財庫，必受大厄運搗毀。

幸好警報在二〇一七年結清、解除。據他供稱，總共耗了兩棟別墅和一間透天厝，才擺平這場地動山搖。（大田破本田，灰底X破田宅）

清點戰場，四個毀滅性+危險性自化，還有兩處不要命的類自化，虧得猴腮雷真的猴腮雷（廣東話很厲害），一般人早魂飛魄散，蘇州賣鴨蛋去。

他居然還能談笑風生，運用大情科◎（大情科入本情），大喇喇又宣布，在二〇一九年又娶了一房正宮。

讀者看到這裡，除了給猴腮雷掌聲，是不是也該多買個幾本分送親友，一起分享這神之一手的怪盤。老莊繪製過無數運盤，從未有一次性標示這麼多底色及線條，而且必須再分一次盤才能說明清楚。

在核對這張運盤、資料，真的辛苦。雖然本盤屬於極品，不過眾多處並不能視為通例。如果能備妥古代妻妾成群的命盤，就好佐證。畢竟民初、前清的三妻四妾，算是小菜一碟。近代如王永慶外加傳聞，也不過五房。

這類案子僅止視為天方夜譚，畢竟現代人一妻五妾不太可能複製，但七仙女傳奇恐怕將留名很長一段時間，也不枉影帝遊戲人間、貢獻良多。

這運盤果真好用，同好們可得嘗試看看，不過若想充當營業用途，對不起，版權所有，可先洽詢老莊商量、商量才行。

範例五 死神降臨

這是秀場天王諸哥的紫微運盤，他主持、演戲、歌唱信手捻來，經常惹得觀眾歡笑不止。除了創下叱吒風雲的演藝人生、也締造不少財源廣進的美好歲月。

從附圖二十七，頁137，明顯看到諸哥官祿C出現彩蛋。這驚豔的逆水官忌，不單讓諸哥聲名大噪，透過餐廳秀，錢水更如同江河般湧入。

可惜縱使擁有逆天神忌，也擋不住命宮X的水命忌，外加手足P裡的水泄兄忌。

這哼哈二將，養成諸哥出手闊綽、揮霍無度的壞毛病，以致這輩子最大敗筆就在此處。當事業鼎盛，靠勢的大頭症，令一塊優質、詼諧的金字招牌，陷入重重厄運。事業如飛瀑水簾，霧化巢覆。

殊不知現金宮的水流忌，乃超級漏財忌。彷彿驚奇4超人中，BOSS級別的行星吞噬者。將入帳的現金，瞬間給吞噬乾淨。縱使諸哥賺進的錢已淹肚仔，也是糊裡糊塗左手剛進、右手即出。

終因嗜賭，害得自己盛極而衰、債台高築。想想諸哥爆紅後的多數時間，幾乎都在替他人財庫努力貢獻。當被逼到孑然一身的負原點時還未醒悟。

直到節目出現異狀，生命亦受威脅，只好躲在青蛙王子的祕密基地，以情非得已姿態半哄半騙世人，假借「出國深造」消失十年。

幸好命盤夠硬仰賴逆水官忌，戲劇性復出，而後魅力不減、痛定思痛，除了拼命地接通告、賺錢，祈求債主高抬貴手，讓他延緩債務清償。

當忙得不可開交，更利用極少數的閒暇，接拍多部璀璨喜劇，令低迷的電影票房，注入破億活水。

遺憾的是，悔不當初的晚年，當生命又看到曙光，卻由於忙碌，缺乏養生、飲食節制，在最要緊時刻罹患大腸癌。在龐大債務壓力下，只能逼著自己遠離病榻、不斷工作，只為了多留些錢財給家人。最終一再延誤治療，在二〇一七年病逝，享壽72。

上述故事看似感傷，卻充滿正、負能量，眾所皆知諸哥對信仰、命理虔誠，老莊猜測，他既然已知命數將盡，與其等死，不如把專業幻化成光芒、身影，讓實際酬勞賦予曾共患難的家人，最後餘蔭。

不管人生過程高潮迭起抑或載浮載沉，諸哥生前看似為錢奔波而故意延誤就醫的假象，乃知命、認命的樂天展現。以下就來看看天土和紫微運數的關聯。

諸哥生於一九X六年，歸屬天府糸、府亥族。疾厄宮主要執掌命主身體、情緒指數，要討論健康如何，先以疾厄宮為首，若疾厄了無訊息，再去查詢命宮（綜合）、遷移（意外）或手足（壽元）等其他攸關生命宮位。

只要大運宮忌，例如大命沖命、大疾沖疾，都能預判身體健康出現問題。

倘若大遷沖遷或大兄沖兄，則歸納生命範疇。當然還有運忌、流忌等其他時間觀。形成運宮職入遷沖命，也一律示警對身體出現危害。

以上論點，在第二章的陰陽沖兩儀，或陰陽沖體法則中都講解過。而本節，還會介紹一種宮權模式，對身體、健康或生命，同樣造成麻煩。

雖然宮權在擔任大官宮權時，若入遷映命，可視為十年官運亨通。不過一旦擔任大運或流年時的命、兄、疾宮時，倘若該宮權飛入本遷、社、父宮時，也屬於對生命威脅發出警訊。

尤其當大運具備其他忌象示警，更要避免上述宮權與攸關生命、建康宮位，建立不尋常關係。

從附圖，可以理解丙戌年出生的諸哥，已行運到第七63－72區段。這階段的大運命宮，本名遷移J。於是把遷移本宮改名大運命宮，便屬大運命J的行宮。

按照逆時鐘方向，將大運手足、大運情乃至最終的大運父運位，依序安排入運數盤中，即可完成63－72的運數盤。從運盤可清楚見到田宅V與父母S的宮忌，分別以自化◎和入父方式↘沖向疾厄K。

尤其S宮，看似完成大疾沖本疾，示意十年內，諸哥身體、健康有不利己的影響。只是當中仍有伏筆，老莊留待後面再說。

第二種觀察法，便是命宮，依照陰陽沖體法則，採取宮職沖本命體的規範。諸哥本命X，原存水命忌，如今大遷再起，展現不樂觀的再↘沖本命狀態。意謂十年內，出現第二個危險警訊。

第三類則是手足P，手足為疾之官，屬身體氣數，攸關壽元便由手足監管。既然是攸關生命，手足最怕大命忌、疾忌、兄忌沖它之外，還有上述三處宮權，也最好不要和手足搭上任何關聯。

就手足P而言，最需提防陰陽沖兩儀，和權◎、類↓↑等。可惜，而今大運兄已降下大兄權破本命組合，意謂諸哥恐怕劫數難逃。

基於上述警示，單純以健康來看，機率常隨年齡浮動。不過假設觀察遷移J或手足P，機率就不好說。因為意外終究屬於意料之外，而非專以分析趨勢的斗數可以直斷。

假設上述三類狀況，以30↓50歲間遇見，只要提早發現，危害生命頻率便會降低。若60歲左右，風險則提高至七、八成。假使年過60歲，則列入更高級別威脅。諸哥既已屆齡第七大運，身故指數當然高。

既然已知大運徵兆與建康有關，若以宮忌推算，68歲應屬病情最高危機點。緣自二〇一三年，乃運、流疊宮疾↘沖疾所在，示意該年若稍有不慎，恐應畫下人生終點。

不過二〇一三年並未出現病危，這是伏象聯動所衍生的解厄。

請看生祿處於父母S，若單純僅以父母宮論，宮內有生祿、自化忌搭配，依據祿隨忌走原則，生祿將隨自化忌近墨者黑，被自化忌牽著鼻子走。於是助紂為虐，反成雙忌轉戰疾厄。然此刻並無時間觀，伏象祿自然無法發揮陰陽碰太極的解厄功能。

但是二〇一三年則不然，已歸納時間斷點，父母S也轉成大運疾的身分，於是陰陽碰太極的影響出現。當大運以小、碰本父為大，生祿不好再採用「合流」自化忌看待。反因大祿為優質大磁場，能暫時消弭自化忌的突發小狀況。

觀點上有些類似逆水忌，只是逆水忌適用通則，不管大小、平階，放之四海皆準。至於大魚吃小魚的伏祿，只適宜用在時間量能，若援用空間、事件，也只能為虎作倀被忌拖著鼻子走。

既然生祿可由大化小、不似先前S宮的自化忌與生祿組成雙忌，凌虐疾厄K。想當然二〇一三年的了無消息，理應是伏祿產生作用。

不過諸哥的身體，也應該要有不適感，終究這是第二次的紅燈亮點，尤其還有一項爭議尚待釐清，就是二〇〇八年。

二〇〇八年諸哥的健康，推敲應是最早出現不良反應，即便父母伏祿可以發揮大化小作用，但攸關病兆不可能了無訊息。畢竟那時屬於第一次的流疾↗沖本疾。

可惜二〇〇九年諸哥剛復出，無法查核沉潛時的樣態。

至於二〇一五年，則屬第三度遭遇流疾↘沖本疾。雖然新聞沒報導，卻不表示諸哥不知情，或癌細胞沒惡化。特別是流父和流疾同時出現↘沖本疾。難不成伏祿能量真能完全吞噬，或化解大疾↘沖本疾徵兆？

然而二〇一三年流兄宮權、二〇一五年的流命宮權，都出現流權↗破兄趨向。老莊強烈懷疑，早在二〇〇八諸哥就應該具有不適之感。

如二〇一三年則在大疾、流疾疊宮，遇到伏祿雙重保護而不致病發。只是還有第三次的二〇一五年，照理講，諸哥都不應該神經大條到沒察覺身體已出現異狀？

然而老莊並不曉得為何網路上查不到相關最早發佈癌症的消息？若依尋常命理推算，到此也應放棄，並讚嘆伏祿當真厲害，能練精化氣、練氣還神、練神還虛。

不過又不是寫小說，那有這麼神奇？

於是依據法則，改採宮權重新定義。終究諸哥在二〇一七年因「病」去世，既有定見佐證，伏祿斷不可能把大疾沖本疾的病因完全洗刷。

如果是意外往生倒還好說，但徵結仍在病字，只好借勢宮權再看流年，以手足壽元做導向。

首先將二〇一六年定義成流年命宮，即出現流命、流兄均↗破本兄，公式：B權↓H↗破P。而且該流兄N，出現與陰陽沖兩儀的「宮破宮」現象。

於是流兄↗破本兄的類自化權，狀況自然指向壽元已出現警訊。公式：N權↓H↗破P。二〇一七年機率更高，除吻合二〇一六流兄條件，亦出現其他警訊。一為流命↗破本疾，公式：A權↓S↗破K。另一處則為：流疾↗破本命，公式：H權↓J↗破X。

果然諸哥據媒體所載，於二〇一六在台大診斷出罹患大腸癌，不過二〇一六年流疾並無↗沖疾訊息，老莊才嚴格懷疑二〇〇八年、二〇一三年及二〇一五年，當中必有病情暴露型態。

然而第七大運爆點太多，否則怎會選在一個徵兆點都沒有的二〇一六年？諸哥是否隱匿病情，已死無對證、不得而知。

只是如應驗在63－72的大疾沖本疾徵兆，若缺乏宮權沖破的額外之兆，病況或許可以藉由早期醫藥或是伏祿解決，不過伏祿仍幫諸哥擋下三次流年疾忌，也算功成身退。

終歸落土時、八字命，二〇一六年後的隔年二〇一七年，諸哥病情急轉直下，撒手人寰，就在流兄↗破本兄下，一代秀場天王謝幕、告別世人。幸好留下無數不朽作品，駐足人間。

範例六（上）霸主前（錢）傳

尚未介紹老K前，先教教各位怎麼理解富人盤。這是個有趣的研究，也是問盤者最喜愛的題型：我會不會有錢？又在何時、何地有錢？答案並不難解，只要看幾眼「忌」就能一葉知秋。

尋常人以為要看「祿」才知道有錢否？但祿是秋收，忌才是冬藏。收成好壞固然重要，但過程變數很大，於是四化象中，就屬祿的確定性最差。

由於祿脆弱不能受干擾，縱使表面趨勢挺好，暗地常被忌、權攪得由吉轉凶。若收成好，中途遭攔截也是枉然，只能視為過路財神打卡、空歡喜。

錢的有無不是重點，要的是納財入庫。從祿、忌技巧中理解，祿一旦受外來能量干擾，要嘛失去作用，或吉中轉凶、先得後失。最差的還會助紂為虐轉成雙忌、三忌甚至更高的負能量。

即使忌看起來挺凶，但升官發財，還得靠它凝聚。

很多人抱怨賺不到錢，常說是被騙去投資，血本無歸，這話聽得老莊耳裡都快長繭。賺不到錢是命，賺到錢又被騙走那叫笨。既然有錢投資，表示財氣遠比他人強，結果貪心想拿命中沒有的，那是腦袋裡裝大便，不叫被騙。

做買賣、創業、投資前，最好查清楚命裡的有無、再作盤算。找個斗師瞧瞧也好，別為了省算命錢虧更多。還有別老覺得算命師都是騙徒，縱然給老莊這流江湖術士誆騙，也好過賺到又賠掉的揪心。

投資本就存在風險，要不富貴怎會險中求？想博大彩又圖輕鬆，貪心虧了，委屈說成被騙、自欺欺人，什麼鬼邏輯？既不願意在前期找位斗師研究，後端又弄不清楚原委，何種財才是適合自己？虧得再多還是活該！

別以為老莊天生喜歡開小黃、當算命師，是因為透過運盤認清自我、調整心態、換個形式安份。否則真以為小小書錢，就能蔑視斗數、獲得珍貴忌法？認真學，很少有紫微斗數命書這麼不藏私。以下教教各位如何觀察有錢人。

飛忌需採用命宮、手足、田宅做主力，再看財帛、官祿。依據上述，要看庫是否有得入？藏不藏得住？後續才研究如何賺？否則白天賺了堆現金，結果銀行關門，半夜卻遭小偷，豈不白忙一場？所以先從命、兄、田探索，是有道理的。

請看**附圖**20－4，當太極盤中命、兄、田、財、官，宮忌A飛入命、財、疾、官、田的五宮之一B，譬如命忌入財、兄忌入田、財忌入官、官忌入兄、田忌入疾……等等組合都算成立。

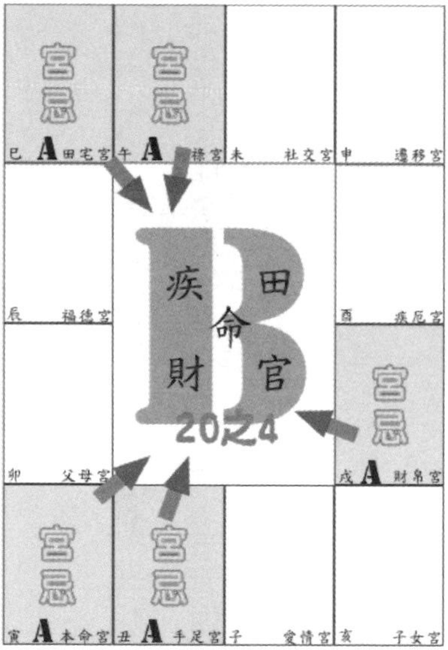

附圖 20-4

而陰陽不動的自化忌，雖說勉強算可行，然自化的後續既繁瑣、變化又大，需實際掂量運盤才好確定。

別看這麼多組合好像不難，其實很不簡單。老莊多年算下來，也看過無數運盤，能達三處者少之又少。不過依據上述宮忌，形成的數量越多越好。只要依此宮忌，便能大約知道自己或別人是否有足夠機會累積錢財。

如果建立三處，想當個中產階級並非難事。若具備四處，即使當不成首富，要成就企業家，彷佛桌頂拈柑。如果再來個逆水忌，只要挑對大運，財富還不似黃河之水天上來，但慘就慘在看不懂。哈哈！那庫就奔流到海不復返。

但B宮飛入A宮這種忌法是否存在變數？當然！不過變數通常來自外力，而非運盤。就像明明預報員說颱風已遠離本島，卻來個轉彎又殺回來。又譬如高速公路一路暢通無阻，突然幾公里前來場車禍，不曉得又要耽擱多少時間。

所以運盤推敲的叫意中，但意外的人、事、物，仍無法等量齊觀。譬如範例五的諸哥，他具備水命、水兄兩忌，導致花錢似水。但特別的是，若依照老莊說明的五宮位法，諸哥一處都沒有。

然而他卻光憑逆水官忌，以一抵五，讓財水大量湧進，賺得比很多符合五宮位多更多。鼎盛時期，事業興旺，依舊敢拋妻棄女，也沒留下副作用。可惜手足宮終究無能、大江東去。最後還得仰賴逆水官忌、浴火轉生。

上述都是斗數能精準推算的，至於像諸哥日進斗金，或賺得比虧的多或少？不好用輸或贏預估。但如果沒有大家樂，他或許不會發生輸的比賺的多那麼多，最後還搞個出國深造、跑路、消失回到原點。

命中靠事業賺的（逆水官）、花的（水兄泄），均依照運盤發展。但大家樂的發明與流行，乃至被逼得債台高築，且臨終前，究竟債務還完沒？斗數仍無法通徹。

不過定數就是他命中無庫，得倚仗事業（水官）死命賺，最終還是沒錢，卻得要死命償。而變數就是貪，水命忌裡沒有的意外之財，卻妄圖想靠賭、博取，整個下半輩子，只忙著幫組頭、債主賺錢。

不管財富有無，若依據尋常先看命、財、官再看庫，那是會翹辮子的。老莊自然提議先知命、庫，而後才轉看財、官。原由就出自命乃財之官，屬賺錢運氣，觀氣運的優劣，才關心後續財庫概況，留得多、寡再做計畫。

若有運無庫，要備妥完善規程，小心執行，如果賺得進財卻留不住，要想方設法地留。若缺乏氣運而有庫，聚沙成塔抑或仰賴技術，也能做個小康之人。

至於財庫區分兩類，一是田宅宮，屬於資產的庫，也是整體命盤的總庫。另一個屬於現金庫，由手足宮掌管。手足宮乃財之田，隸屬賺錢後的放置位，通俗點就是銀行位，也身兼田之財，象徵資產變現的領航者。

只要賺錢運氣有了（命），現金入戶有著落（兄），就能順利轉移成資產（田），再去考量賺錢知識、職業（財）和經營（官）之道，才是人生最美的事。否則既乏運氣亦無財庫，空有一身本領，必然付出心血與所留不等值，或懷才不遇、白日作夢。

老莊常聽人說要補財庫，既不知五宮缺的是哪一處，又不是立冬，豈有那麼多庫可以補。通常命、財、官好，庫房有失或不佳才需要補。

如果連氣運、本事都低人一等，光補個庫就能轉好，哪有這麼便宜的事。補庫要先找條褲子穿，別連個褲管都沒有，還學人補庫，到頭來，不又多了一次虧錢的道。

譬如兄好田差，意謂不適合將現金轉換成不動產，現金可做壽險理財、長期基金等擴大現金效益。別學人家炒地、買房產，容易套牢。又譬如田好兄差，常見先祖留產或地主、農民，但經營方向卻大相逕庭。

祖產若屬工商、建地，算是燒高香，因為獲得活用資產，如果移轉成更棒的地產、房產，十足聰明選擇。省著點能安保一生，既坐擁優質居家，也能藉由時間增值土地，即便命終後，能繼續傳承，無愧祖先。

倘若現金經營不善、坐吃山空或當個敗家子，不如找份固定職業，當個不缺錢的包租公，或不缺房的衣、食、住都無虞的人。

別妄圖當商人、做生意或備妥成堆現金、出手闊綽，命中是個守財奴就安份守著，別胡亂瞎搞。否則最終撈個工地幫人舉牌子，也算守財，只是這個財，守的是別人的。

至於農民有成片田地，能種植營生、經營畜牧。最差的，既等不到有產值的工商建地，又不想勞動、不好耕種，這種屬於看得到吃不到的空殼，稱地主算高攀了。

還有一種也很類似，在老莊眼中屬最笨的那種，親戚、手足為了爭奪數額更大的祖產，誰也不讓誰。結果爭了半輩子，要嘛分到了人也老了、享受不到，或臨終前，還心心念念那尚未得到的土地。

甚至告誡子孫，千萬別讓誰、誰、誰佔去便宜！簡直貓生、狗養、豬帶大的蠢貨，還是早死早超生。

想知道自己的財庫、財運如何？若需老莊代為繪製或分析，可在本書作者欄處，用手機掃描QR加入好友，就能和老莊聯繫製盤或解盤事宜。

看看老K多好的盤呀！自從創建運盤以來，這張最容易看懂，且光憑幾眼就能發覺「他」的非凡。

從附圖二十八（頁247）瞧去，命忌入財、兄忌入官、田忌入命，展現的是氣運來自方法（絞盡腦汁），現金仰賴技術（犧牲愛情），資產就順利入庫（忙到沒時間花錢）。

再看財忌入命，官忌入子，代表賺錢方法靠自己謀取，事業經營依靠合夥、投資，藏有假手他人意向。不過第五項的事業，看來官忌入子，似乎未達先前飛入命、財、疾、官、田的五大標準之一。

可是老K的盤就是硬貨，就是得天獨厚。需要假手他人的子女宮B，竟整出個逆水子忌。

也就是說，看似主導權非我的合夥、投資項目，竟能無害，逆轉勝的提供浮動資金。依照命、財、疾、田的強大「宮能」，再分工入戶、入庫、擴展經營版圖。

光是老K每年配股、配息金額，就是老莊好幾輩子的錢。神奇吧！這就是首富致富關鍵，天生我盤必有錢。當然一開始創業，老K也並非那麼順遂，特別是他的遷移宮T，還有個水遷忌。

不過真的只是一開始（後續範例六下介紹），慶幸的是，生科又在運盤最差的水遷之域，時不時提供貴人度過難關。接下來，請移駕範例六下，看看老K如何繼王永慶後，成為大眾心裡第二位經營之神。

範例六（下）　霸主稱雄

老K生於一九X〇年，納入廉貞系、廉殺族。（附圖二十九）這類組合脾氣很奇特，常見殺伐過重、睚眥必報。

古法有云，廉貞遇七殺路上埋屍，雖然意指特殊格局並非通例，不過不難瞭

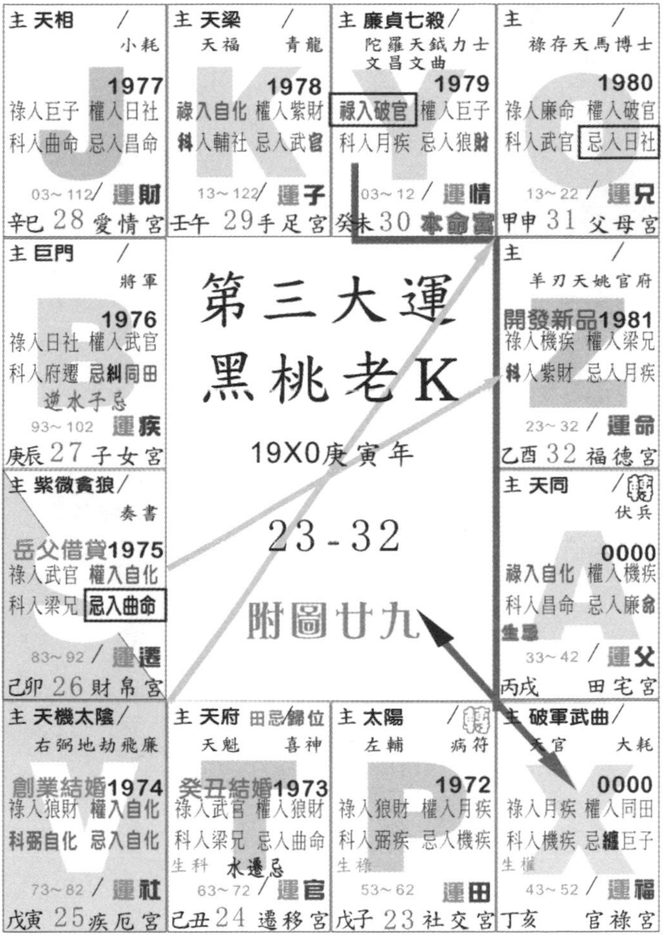
第三大運
黑桃老K
19X0庚寅年
23-32
附圖廿九
主 天相 /
小耗
1977
祿入巨子 權入日社
科入曲命 忌入昌命
03~112/ 運財
辛巳 28 愛情宮
主 天梁 /
天福 青龍
1978
祿入自化 權入紫財
科入輔社 忌入武官
13~122/ 運子
壬午 29 手足宮
主 廉貞七殺/
陀羅天鉞力士
文昌文曲
1979
祿入破官 權入巨子
科入月疾 忌入狼財
03~12 / 運情
癸未 30 本命宮
主 /
祿存天馬博士
1980
祿入廉命 權入破官
科入武官 忌入日社
13~22 / 運兄
甲申 31 父母宮
主 巨門 /
將軍
1976
祿入日社 權入武官
科入府遷 忌糾同田
逆水子忌
93~102 運疾
庚辰 27 子女宮
主 /
羊刃天姚官府
開發新品1981
祿入機疾 權入梁兄
科入紫財 忌入月疾
23~32 / 運命
乙酉 32 福德宮
主 紫微貪狼/
奏書
岳父借貸1975
祿入武官 權入自化
科入梁兄 忌入曲命
83~92 / 運遷
己卯 26 財帛宮
主 天同 / 轉
伏兵
0000
祿入自化 權入機疾
科入昌命 忌入廉命
生忌
33~42 / 運父
丙戌 田宅宮
主 天機太陰/
右弼地劫飛廉
創業結婚1974
祿入狼財 權入自化
科弼自化 忌入自化
73~82 / 運社
戊寅 25 疾厄宮
主 天府 田忌歸位
天魁 喜神
癸丑結婚1973
祿入武官 權入狼財
科入梁兄 忌入曲命
生科 水遷忌
63~72 / 運官
己丑 24 遷移宮
主 太陽 / 轉
左輔 病符
1972
祿入狼財 權入月疾
科入弼疾 忌入機疾
生祿
53~62 運田
戊子 23 社交宮
主 破軍武曲/
天官 大耗
0000
祿入月疾 權入同田
科入機疾 忌纏巨子
生權
43~52 / 運福
丁亥 官祿宮

附圖 29

解他的大鳴大放、易放難收。幸運的是，將星不喜歡昌、曲，但命宮Y卻同時出現。大幅改善文氣不足，也增加他的企劃、書寫才華。

在惡劣的商場競爭，能隨順環境調整身段，讓引以為傲的斯巴達管理，增添人性及不少貼心的好點子。可惜，隨著財富遞增，這類的效果逐漸遞減。緣自老K的疾厄V埋藏三顆炸彈。

自化使得他的情商指數忽高忽低，縱然他不一定知道緣由，不過近年，或許是家中誕生了幾位天使，令老K多了幾分慈愛，不過仍遮掩不了霸氣外顯。

這些年新冠疫情肆虐，且先前疫苗嗷嗷待哺時，率先號召捐贈疫苗給政府，就是本篇主角老K。首富二字，過去想的多是王永慶，如今大家的印象，理應只記得K董。他的故事，就從第三大運開始談起。

成功的男人，背後幾乎總有位賢內助，老K也不免俗，從本命Y觀察，有個祿入破官（Y→X映↗J）。Y宮雖是本命，此時卻已改成大運愛情。從宮祿入官映情的資訊，暗示婚姻緣份，將在23－32的十年內桃花盛開。

終究此祿經由破軍化象入駐官祿，破軍乃掌管夫妻的正主，它領銜的宮位，自會督促成親率攀升。不過這種大運情的技法，不如大情自化明快、精準。以致在推斷流年時，常陷入模稜兩可的錯覺。

如果以大情祿入官、尋找流年，斷點理應落在24歲時的遷移T，才符合流情祿入官，且和大情祿入官產生疊宮（官祿X為24歲的流年情），況且T宮流命，也具備流祿入官，在時間推算上，算是婚姻緣很高的親上親。

先說明什麼是疊宮？就是大運情Y飛入的宮位（官祿X），與流年情的X產生重疊，就稱疊宮。或許是陰陽曆法的落差，如果經由傳媒轉述，老K和元配是在一九七四年結婚，似乎和老莊製盤時的一九七三年有落差。

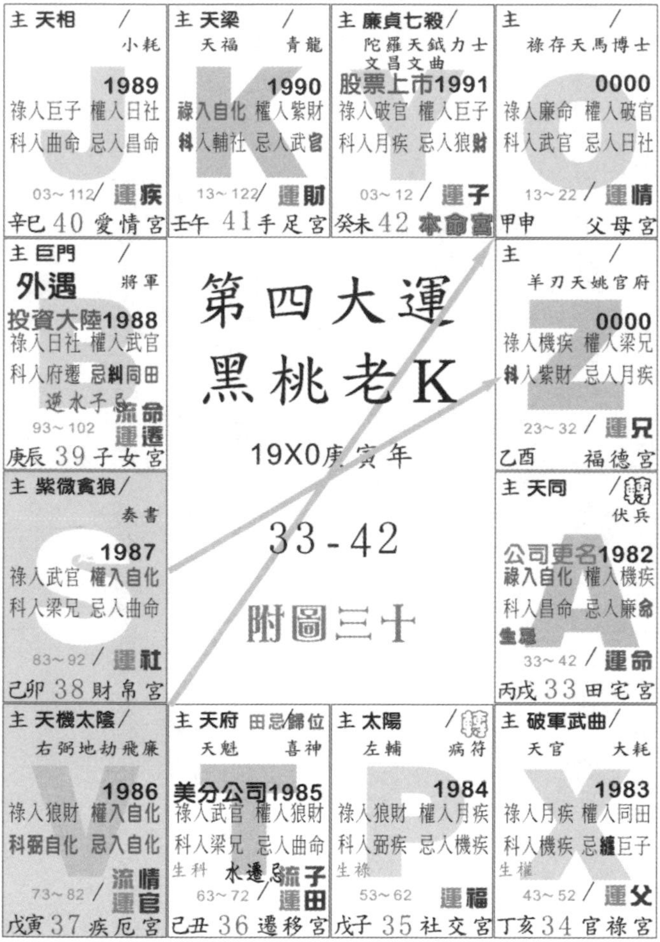
主 天相 /
小耗
1989
祿入巨子 權入日社
科入曲命 忌入昌命
03～112 / 運疾
辛巳 40 愛情宮
主 天梁 /
天福 青龍
1990
祿入自化 權入紫財
科入輔社 忌入武官
13～122 / 運財
壬午 41 手足宮
主 廉貞七殺 /
陀羅天鉞力士
文昌文曲
股票上市1991
祿入破官 權入巨子
科入月疾 忌入狼財
03～12 / 運子
癸未 42 本命宮
主 /
祿存天馬博士
0000
祿入廉命 權入破官
科入武官 忌入日社
13～22 / 運情
甲申 父母宮
主 巨門 /
外遇 將軍
投資大陸1988
祿入日社 權入武官
科入府遷 忌斜同田
逆水子忌
93～102 流命 運遷
庚辰 39 子女宮
第四大運
黑桃老K
19X0庚寅年
33-42
附圖三十
主 /
羊刃天姚官府
0000
祿入機疾 權入梁兄
科入紫財 忌入月疾
23～32 / 運兄
乙酉 福德宮
主 紫微貪狼 /
奏書
1987
祿入武官 權入自化
科入梁兄 忌入曲命
83～92 / 運社
己卯 38 財帛宮
主 天同 /轉
伏兵
公司更名1982
祿入自化 權入機疾
科入昌命 忌入廉命
生忌
33～42 / 運命
丙戌 33 田宅宮
主 天機太陰 /
右弼地劫飛廉
1986
祿入狼財 權入自化
科弼自化 忌入自化
73～82 / 流情 運官
戊寅 37 疾厄宮
主 天府 田忌歸位
天魁 喜神
美分公司1985
祿入武官 權入狼財
科入梁兄 忌入曲命
生科 水遷忌 流子
63～72 / 運田
己丑 36 遷移宮
主 太陽 /轉
左輔 病符
1984
祿入狼財 權入月疾
科入弼疾 忌入機疾
生祿
53～62 運福
戊子 35 社交宮
主 破軍武曲 /
天官 大耗
1983
祿入月疾 權入同田
科入機疾 忌轉巨子
生權
43～52 / 運父
丁亥 34 官祿宮

附圖 30

經核實鴻海草創於一九七四年2月(陰曆正月)，既是結婚又創業的落點。按照中國人先成家後立業傳統，設定老K結婚優先於創業，那麼關於流年的推測，就比較接近運盤確認的時間。

由於斗數應用的是陰曆，為了便利性及好理解，才使用公元紀年做註記。但一九七四年／二月乃甲寅年，若老K真的在癸丑年底的臘月結婚一九七四年／一月，標示上，就可記錄成陰曆的一九七三年流年，如此便吻合X的疊宮。

此觀點，唯有老K和他母親能給出解答，不過筆者希望給讀者一個精準的研究數據，才字字斟酌。畢竟元配隸屬真命天女，也是老K命裡無可替代的貴人，和現在的夫人仍有情義深淺的落差。

現今依然使用遷移T，做為老K首婚斷點，不過第一段姻緣的舉例，遠不如第二段婚姻明快。請翻閱**附圖三十二，頁127**的第六大運，清楚看到大運情A的祿◎。

依據自化法則，只要逢自化必然有變化，從大運情A看，當中有個祿◎，且宮權、科、忌等，完全吻合一六共宗法則，意謂老K的姻緣再起。

不過必先按原配偶的狀況做判讀，如果老K處於離婚或鰥夫身分，這大運情就好依據箇中四化飛宮的二婚判讀，否則若老K的婚姻欄處於ing的現在進行式，必須改採額外的事業觀察。

推斷流年，即從寅垣的老虎起算49歲，直到59歲停，果然二〇〇八年的流情A，與大運A產生疊宮，而老K也在二〇〇八年梅開二度，把專精於舞蹈的美嬌娘娶回家。

從幾張運盤看，除了創建之初的第三運，有嚴重拮据、現金缺口，其餘大運幾乎可採用順遂形容。首功先歸給文昌、文曲，畢竟老K的翩翩才華源自於此。

不過後續的荒唐，昌、曲也成為外遇的幫凶及鐵證。

從**附圖二十九，頁227**看起，有一個O的父母宮地帶，那是本運的陰陽沖兩儀。算是老K踏入創業險途後，最應感到憂心和麻煩的所在。另一個S的財帛宮位，則透過權◎，在每次大運更迭時，必然產生的破耗起點。

為何S宮有兩種顏色，代表S宮在本運，同時衍生兩項重大缺失的特殊宮位。先從大運兄O著眼，它的宮忌為忌入日社（O→P↘沖K），簡稱大兄沖本兄。

第二處落在大運遷的忌入曲命（S→Y↘沖P），簡稱大遷沖本遷。如果對干年四化熟練（附圖一），查驗起來會很通順，如果卡卡的請多練習。

老K的基本太極盤，有兩個水命磁場，一處於子女B，另一則在遷移T。只是子女B已被生忌降伏，幸運的變成逆水子忌（參考第二章入庫忌），而遷移T的厄局，則在每次替換大運後，依舊凶相畢露、不能馬虎。

特別是老K運盤強勢，以致各宮忌的入命格局特別的多，一共佔據4個宮位、1/3強。其他的忌沖，則無需額外管理，除非像是三運中的S大遷沖本遷（S↘沖T）。

至於水遷忌的威脅（T↘沖T），雖定時影響各運盤的穩定，但有伏科坐鎮，發揮不少擋火牆神效，令T宮適時轉危為安，老K第一該感謝的就是它。

至於陰陽沖兩儀的大宮沖本宮，或者陰陽沖體的宮用沖命體，在各大運裡，都是重中之重的觀察，因為它象徵必然存在某些不太順利的鳥事。

譬如手足K掌管現金，先前在法則或範例不斷重複。從大兄沖本兄（O↘沖K）理解，意謂十年內有嚴重的現金缺口。若用生命看待，就是壽元遭受威脅，令老K對未來存在前途茫然的無力感。尤其現金流失的調度及週轉，給他帶來無窮的痛苦及折磨。

至於大遷沖本遷（S↗沖T），要防範該年限攸關聲譽、異鄉成敗、執行文書，乃至外務時的擾人障礙。這類的遷沖遷，促使自己奔波勞碌，累得像狗。攸關交通安全，也要格外注意，不過最好搭配其他，才好驗證安危。

很多場合老K常提及，創業或婚後起家，是早年母親標會時給的20萬。據說這錢是要讓他結婚時用。他卻把10萬用於結婚，另外10萬，則和朋友一起創業。

當時第一筆資金，錢是湊出來的，在經營初期攸關金錢的使用必須分毫計較。倒楣的是，草創期便遇上石油危機、原物料飛漲，30萬資本瞬間蒸發到連渣都不剩。接著股東又陸續退出，資金調度更顯拮据。

夫妻商量下，決定由夫人飛往香港，在一九七五年向她父親提出緊急告貸。幸好老丈人二話不說，一口氣拿出80萬借給老K。而腦筋轉動得快的老K，不死守錯誤產品及策略，趁著彩電流行，立馬轉型製作搖控組件。

只是現金週轉，仍是本運最大隱憂。若以運、流疊宮顯示，一九八一年應是最忙碌，也是現金最吃緊的流年。

從資料查，老K最擔心的是支票軋不過來，時間正逢23－32。為解決票據法的困擾，他將位在板橋的公司搬到土城。為的是萬一公司跳票，身為負責人的自己被抓，家人、員工好歹能就近到看守所會面，有點類似項羽打天下時的破釜沉舟。

而大遷沖本遷的文曲，印驗當時文書應有失誤，或合約締結時的麻煩。就當時回憶，他最怕客戶臨時取消訂單、支票過期，都是他殷殷奔忙的緣由。慶幸的是，終於撐過艱難的大運，當一九八一年結束，象徵第三大運就已成歷史。

迎來第四運的老K，宛如擺脫乾卦初九的潛龍勿用，在利見大人下，氣運提升至一個悠遊自在。

整體運盤，除財帛S和疾厄V的權◎仍在伏流，周遭已看不到任何陰陽沖體或陰陽沖太極的阻礙。（附圖三十，頁230）開運的頭一年一九八二年，33歲的老K將公司更名，一下子把原先資本額拉高到1600萬，揮發了磅礡大運的效用。

當一九七五年還陷入財務危機、四處告貸下，才過了7、8年，累積的資本已超越當年向岳父告貸的20倍。

接著過了三年，在美國成立分公司，又經過三年，運氣爆棚轉戰大陸。一股作氣再過了三年，進入第四運尾聲。在一九九一年終於在台掛牌、正式上市，儼然成為富甲一方的巨賈。

從擴充資本做為四運頭彩，在四運結束前，又以股票上市奠基完美里程碑。

老莊寫下的幾個範例，感覺男主角的夫人多數比命主優異，而配偶們也甘於隱身幕後。即便結局大相逕庭，但光憑內子就贏過眾人許多。

不過在四運中期，老K與其他女子犯下不應有的身體接觸。雖然得天獨厚的運盤，讓他身家攀升，亦在商海無往不利。然而既得賢妻風光成就本業，理應感激涕零，怎還鬧出飽暖思淫的醜聞。

身為廉殺族的老K，體內有個次桃花主，但管控不住下半身的出軌歲月，應是他最想抹煞的回憶。但歷史終歸是歷史，沒有後悔藥吃。

並非筆者幫老K說話，實在是一名成功的企業家，需要過人的腦力、精力及體力。當他59歲梅開二度，接連誕下兩女一男，說他體力不好、需求不高，誰信？

創業家諸如辜、吳、王、蔡、張等，哪個止於原配，就連現任總督府主菜伯士也出身偏房。雖然有錢男人會作怪的理論甚囂塵上，但假設閨房無趣，或配偶故意不配合，套句電影台詞：「家裡都不開伙，還不給在外面吃？」

當時老K風生水起，夫人不在台灣，如何認識小三已是羅生門。然而判決已結不必節外生枝，不過斗數仍指向業務洽談趨勢，而非酒酣耳熱後「嫖」的買賣。

元配一九八八年長駐美國，同年老K進軍中國，自此夫妻各奔東西、各忙各的，在鬼迷心竅下外遇。老莊也利用運盤，模擬當年「仙人跳」的往事。

雖然四運看似無礙，權◎已伺機而動，看往大運社S的權◎，表示老K為了處理社交事務（大運社S），一不小心就破壞理智線（↗破福德Z）。

或許是準備公司上市的庶務，或其他攸關財務的處理（權自化不出停留在財帛S），直接導致原可享福的命運，因色纏身。

又透過福德Z的忌轉忌（忌入月疾Z↓V↗沖O），得知大社S的煩惱起因，源自身體或生理錯誤，於是↗沖往父母O（婚後家庭），便是大運盤所顯示老K出軌的緣由。

再往大社S的宮忌，看到忌入曲命，意謂不正常的社交桃花進入本命Y。而本命Y的宮忌，又和錢宮S產生不應當聯結，進而影響老K攸關遷移外務的形象受損。

至於另一個疾厄V，則扮演大運官V，從V的科、權、祿宮化，瞭解到四運事業老K的飛黃騰達概況。再透過官祿位的情之遷角度，得知愛情以外，隱藏或行之於外的愛侶，直白點說，官祿宮就是藏匿小三的外慾場所，簡稱小三宮。

從V的權、忌◎看，透過大運官V的解釋，老K為處理公司相關事務，癥結點落在身體V及生理上頭。表示雄性基因作祟（權、忌自化不出），產生外遇宮的不倫聯結。

接著進入本父發動「宮」擊，產生↘破沖父母O的穩定（婚後家庭）。再經由父母O的轉忌，查核大運官的煩惱來源（O→P↘沖K）。

於是從忌入日社的飛宮，探索到社交上的錯誤，再往手足K（現金庫）↘沖去。顯示老K需要動用現金去解決出軌後的金錢缺口。

於是小三事件，冥冥中似乎和財務有著糾纏不清的定數。既然做錯，希望老K認了吧！即便最終對小三的刻薄，但對夫人仍算是知恩。況且小三設局在前，即使有萬般理由也是自作自受。

但老莊仍舊相信同居之實，以文曲而言，該女子絕非逢場作戲的酒國胭脂。畢竟當年老K已非小商人，豈敢在外隨便找個歡場小姐張口就吃。

如同疫情期，在外戴口罩怎麼吃？當然是到她家或回他家囉！況且根據一九九一年公司上市流年看，其中流子、遷、社、官，完全符合外遇標準。

幸好被大運官破壞的父母O，在本運流年，屬於0000的沒有流年的跳宮現象，否則必將承擔離婚苦果。雖然陳女之事，在四運中安全退場，但淫穢事終在下階段裡埋下諾大轉折伏筆。

果然在43－52的五運首年（附圖三十一），一九九二年夫人在美國知曉醜事，隨即老K、夫人、小三，展開一連串談判、設局，又反設局的過程。光是提起的刑事訴訟，又白繞了一大段狗屁不通的冤枉路。

由於更換第五運，除了兩處權◎的灰底依舊沒變，五運一開盤，就多了兩處黃底宮位。這是筆者刻意標明的陰陽沖兩儀。只要有認真觀看本書，必能清楚：當陰陽沖兩儀出現，鐵定又有壞事發生。

從大運遷沖本遷得到啟示，在第三運中曾闡述過（J↗沖T），攸關命主在外聲譽，計畫執行，抑或盲亂失誤的受盡奔波。但先前描述的累得像狗的形容詞，如今套用在第五運，只能驗證老K的咎由自取。

至於大父沖本父（P↓V↘沖O），意謂婚後家庭變革。由於父疾兩端隸屬文

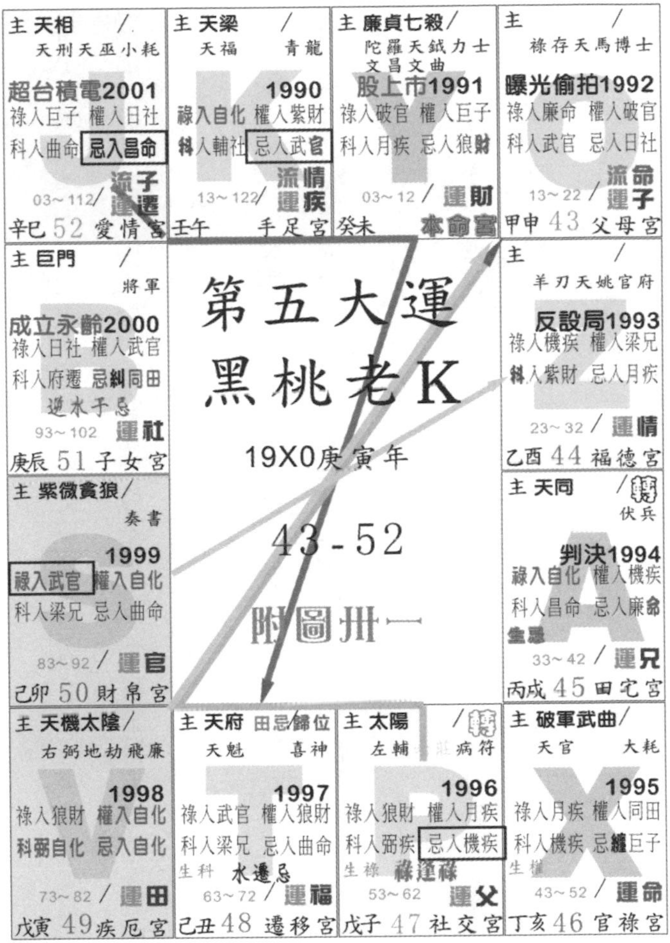
主 天相
天刑天巫小耗
超台積電2001
祿入巨子 權入日社
科入曲命 忌入昌命
流子
運遷
03～112
辛巳 52 愛情宮
主 天梁
天福 青龍
1990
祿入自化 權入紫財
科入輔社 忌入武官
流情
運疾
13～122
壬午 手足宮
主 廉貞七殺
陀羅天鉞力士
文昌文曲
股上市1991
祿入破官 權入巨子
科入月疾 忌入狼財
運財
03～12
癸未 本命宮
主
祿存天馬博士
曝光偷拍1992
祿入廉命 權入破官
科入武官 忌入日社
流命
運子
13～22
甲申 43 父母宮
主 巨門
將軍
成立永齡2000
祿入日社 權入武官
科入府遷 忌糾同田
逆水子忌
運社
93～102
庚辰 51 子女宮
第五大運
黑桃老K
19X0庚寅年
43-52
附圖卅一
主
羊刃天姚官府
反設局1993
祿入機疾 權入梁兄
科入紫財 忌入月疾
運情
23～32
乙酉 44 福德宮
主 紫微貪狼
奏書
1999
祿入武官 權入自化
科入梁兄 忌入曲命
運官
83～92
己卯 50 財帛宮
主 天同
轉
伏兵
判決1994
祿入自化 權入機疾
科入昌命 忌入廉命
生忌
運兄
33～42
丙戌 45 田宅宮
主 天機太陰
右弼地劫飛廉
1998
祿入狼財 權入自化
科弼自化 忌入自化
運田
73～82
戊寅 49 疾厄宮
主 天府 田忌歸位
天魁 喜神
1997
祿入武官 權入狼財
科入梁兄 忌入曲命
生科 水遷忌
運福
63～72
己丑 48 遷移宮
主 太陽
轉
左輔 病符
1996
祿入狼財 權入月疾
科入弼疾 忌入機疾
生祿 祿逢祿
運父
53～62
戊子 47 社交宮
主 破軍武曲
天官 大耗
1995
祿入月疾 權入同田
科入機疾 忌纏巨子
生權
運命
43～52
丁亥 46 官祿宮

附圖 31

書線，表示在處理小三事件容易出包。

當小三曝光後扯上金錢，接著老K又被設局遭拍下裸照要脅，女方獅子大開口的狠招，逼著老K也使殺招，就在交錢過程，老K報請警方埋伏，以反設局的方式訴諸法院。

這兩項爛桃花的起因及後續，莫忘權◎都給了提示。也就是大運S，處理財務諸事，犧牲並破壞福德Z的悠閒。至於大運官S忌，照舊是文曲的紛爭，反正就和桃花、文書的糾紛脫離不了關係。

再度證明，老K透過公司事務的處置不當，進而沖毀了外務T。至於大運田V，表示老K財庫蒸蒸日上，不過權、忌兩把利刃如刀劍劃破夫妻和諧。

畢竟夫妻雙方已缺乏互信，一定有大把時間，老K的生活必如同冰炭同爐。後續官司纏訟兩年，老K雖然勝訴，但當時的風流帳，元配已當菩薩去，老莊認為，老K該給補償還是要給，好歹為損人利己所欠下的陰德債修補。

歸納第五運的兩個禍因，都來自前運的下半身失控。在四運中，還有精彩情感糾葛的流年趨式，不過篇幅太長，日後有機會再和讀者分享。至於附圖三十一仍留下不少研究時的流年線索，讀者可嘗試自行推敲看看。

接著第六大運（附圖二十八），既看不到事業方的意外，也沒有其他額外警訊。十幾年間，老K在元配面前，肯定夕惕若厲的夾起尾巴做人，終在乾卦初四的或躍在淵下取得無咎，財富自然大幅度增長。

當第六運來臨，逆水子忌也成為大運官的幫襯下，於二〇〇五年老K飛龍在天，成為另類大統領的「首富」，那年他56歲。正在九五殿堂中享受殊榮時，卻也迎來元配夫人罹癌往生的痛楚。

疫情爆發後老K，聯合慈濟、台積電忙著捐贈疫苗，此舉真乃大功德，藉由命盤闡述，老莊衷心感謝。如果執政當局能為百姓多用點心，便無所謂鬼標籤、卡疫苗的問題。

然而對老K從政，老莊仍有點不平之鳴，既然登上財政最高位階，何苦計較總督臭名？況且好好的人，淌啥渾水。其實老K的運盤，多年前就已經破解，只是藏掖著沒拿出來分享。

不過想要財官雙美，性格若不徹底改造，可連邊都沾不上！老莊趁著新冠疫情被軟禁在家，想說世事無常才動了寫書念頭。便把老K運盤拿來評析。

當然也要感謝政府，給了補貼當稿費，這書才能完成。不過感謝的是政府機制、事務官員，而非官僚殺人的那群政「惡」官。

現在老K大限官運尚可，但性格極情緒化，如能回到第五大運時的冷靜幹練，做出那小三終結者，既能運籌帷幄、精明、厚黑的狠勁，或能放手爭雄。

<table>
<tr>
<td>主 天相 /
小耗
祿入巨子 權入日社
科入曲命 忌入昌命
辛巳 28 愛情宮</td>
<td>主 天梁 /
青龍
祿入自化 權入紫財
科入輔社 忌入武官
壬午 29 手足宮</td>
<td>主 廉貞七殺/
陀羅天鉞力士
文昌文曲
祿入破官 權入巨子
科入月疾 忌入狼財
癸未 30 本命宮</td>
<td>主 /
祿存天馬博士
祿入廉命 權入破官
科入武官 忌入日社
甲申 31 父母宮</td>
</tr>
<tr>
<td>主 巨門 /
將軍
祿入日社 權入武官
科入府遷 忌糾同田
逆水子忌
庚辰 27 子女宮</td>
<td colspan="2" rowspan="2">首富運盤
黑桃老K
19X0庚寅年
03-12
附圖廿八</td>
<td>主 /
羊刃天姚官府
祿入機疾 權入梁兄
科入紫財 忌入月疾
乙酉 32 福德宮</td>
</tr>
<tr>
<td>主 紫微貪狼/
奏書
祿入武官 權入自化
科入梁兄 忌入曲命
己卯 26 財帛宮</td>
<td>主 天同 /
伏兵
祿入自化 權入機疾
科入昌命 忌入廉命
丙戌 田宅宮</td>
</tr>
<tr>
<td>主 天機太陰/
右弼地劫飛廉
祿入狼財 權入自化
科弼自化 忌入自化
戊寅 25 疾厄宮</td>
<td>主 天府 田忌/歸位
天魁 喜神
祿入武官 權入狼財
科入梁兄 忌入曲命
生科 水遷忌
己丑 24 遷移宮</td>
<td>主 太陽 /
左輔 病符
祿入狼財 權入月疾
科入弼疾 忌入機疾
生祿
運田
戊子 23 社交宮</td>
<td>主 破軍武曲/
大耗
祿入月疾 權入同田
科入機疾 忌纏巨子
生權
丁亥 官祿宮</td>
</tr>
</table>

附圖 28

可惜大老闆當慣，鐵血斯巴達頭子還妄想顯擺君子風，手腳被看穿是遲早的事。想想之前九爺，文不文、武不武的濫用溫良恭儉，才把民心、天下給讓出去。

如今藍天幫早被抄家，整得快滅族，老K卻憑空獲得禮遇，說得義正辭嚴、不接受徵召，輸了初選就得認。可惜脫離人生失敗點久矣！忘了初創業時，莫不是認了產品策略的輸，現金不足的輸，如何能奮起直追，完成初衷。

雖然不服輸是好事，不認輸就請離開政壇，否則連認輸的勇氣都缺乏，談啥福國利民？

初選敗了，就該重新檢討，想辦法再創佳績不就得了。反暗中慫恿、任由子弟兵胡亂生事，既退了回不到半年的幫派，就厚道點，還迫不及待地鑽漏洞，搞了個投機聯盟，從頭到尾，就是個趁火打劫的取巧份子。

如果心懷不軌想趁虛、趁亂撈一票政治紅利、癡心妄想。以為有了錢還可以買權，真當選民是吃素的、是塑膠的。

老莊不想再浪費時間製盤剖析，莫不是天生運盤太強，否則光憑他那政治腦袋，如何登上首富？畢竟政治髒水是容不下既愛臉面，又受不了羞辱，見笑轉生氣的老K。

假設無法改善能斷不能謀、敢拼無法忍的稟性，即便雄霸商海，歷經無數詭變、骯髒手段，也敵不過宦海垃圾步。除非能比檯面人物更不要臉，或許尚有一搏機會。只是如此，或許自命清高的老K，恐怕是不屑為之。

只是意外參選之初竟蹦出個託夢說，不曉得是涉政未深，還是背後御用大師中有人想害他？否則怎麼搞出那出神入化的低級險招，逼得自己像楚霸王般，不跳烏江卻改跳火坑？

既想參政，要學學信介仙，很多事是「只能做不能說」的智慧，再套用神的想法才會應驗。否則堂而皇之的洩露天機，會把聖母逼得坐立難安呀！

不明就裡的，還以為老K是某幫某派的托？試想整天厚著臉皮，放下正事不幹，八方拜廟的，可不只老K一人。

菜伯士乃堂堂總督府主，和眾神明的關係，是能夠挾身份封匾、安放正殿。除非台澎金馬的廟宇龍柱老K全包，否則論關係，老K肯定沒有菜伯士鐵。

雖然花錢對老K九牛一毛，但初選角逐失利又把聖母拖下水，搞得祂裡外不是神。下回記得，若換關帝君降下法旨，自嗨即可，可別再公開宣讀，否則帝君的脾氣可不像聖母那麼好。

不過這次捐疫苗挺棒，老莊仍然給出一個超極大讚，謝謝他費心為台灣守護！

範例七（上） 半天折翼

看了段成功人士案例，現在就來湊點熱鬧。早在二〇一八年前期，老莊有張疑似前北農老總命盤。由於真實性不明，便湊了湊數推敲個七八。

心想：「如果這是真的，那選舉結局肯定讓人大吃好幾驚！」終於捱到選情出爐，真被他殺出活路、港都封侯。老莊對這張運盤越發感興趣，沒錯這正是前港都侯H總的運盤。

沒想到，歷年怯戰的藍天幫，竟在港都橫空出世一位連在地人都不熟悉的異類，一場諸侯爭奪戰打下來，他不僅逆勢超車，還將「打狗」棒從綠地派手中奪下，完成交棒、換人的成就。

孰料，港都侯屁股還沒坐熱，卻與匆匆地如巴蛇吞象般肖想李代桃僵殺上總督府，與菜伯士一爭雌雄。隨著選情膠著，美其名叫檢驗，實則刨祖墳、掀老底。

果然H總的陳年老事，被挖了個底朝天。老莊越看熱鬧，越斷定手上這盤，一定是H總無誤。

孰料大選結果，俺竟失算！究竟是運盤有誤抑或老莊技術不行，否則如何離譜得走眼？既然老K和H總曾在藍天幫內交手，按照本篇內容，可和老K做些比較。

老K虛長H總7歲，兩人都曾獲得夫人不同層次協助，但前期展望或許雷同，而專業領域又不盡相同。以第三大運分享，頭八年老K創業，運勢不佳，如同臥薪嚐膽般的膽顫心驚，但最終開採出人生第一大桶金。

H總則軍旅卸甲，返回民間夜半充當守衛，白日苦讀，以議員助理之姿，橫跨第四大運。四運初期H總受到九二見龍在田扶持，以34歲登上議座，後續再以333的每三年方式，蟬聯三屆立委。（附圖三十三）

老K則在四運頭年以33歲初嚐戰果(附圖三十,頁230),把資本額擴充至1600萬。期間不遑多讓也以333方式,完成美、中、台投資,最終更以股票上市畫下句點。當兩人面臨第五運的夕惕若厲,又將產生何等影響?

請客倌先翻到附圖三十四,頁266的財帛T,第五運乃H總43－52的限數,當中有兩處一灰二黃的記號。其中財帛T便是大運命T,內部註記「忌」纏機遷字樣,乃H總本大運的大命↗沖本命警告(T↗沖T)。

也就是說,當H總從四運轉五運後,該盤十年內的名譽、身心或計畫執行,應有猝不及防等事件。意味九二見龍在田過後,H總的第五運運勢將急轉直下。

由於大命沖本命的天機化忌變化很快,常與機械衍生聯結。這等重要訊息,便是老莊確認這盤一定是H總的關鍵。既然他來到乾卦九三,如果想要取得無咎辭爻,唯有戒慎如入憂危之地,不敢懈怠才對,然而卻如驚弓之鳥般亂竄。

主 / 陀羅地劫力士 地空 天姚 1989 祿入機遷 權入梁福 科入紫疾 忌入月情 73～82 運財 乙巳 33 社交宮	主 天機 / 祿存右弼博士 議員勝選1990 祿入同福 權入自化 科入昌官 忌入廉兄 生科 63～72 運子 丙午 34 遷移宮	主 紫微破軍/ 羊刃截空官府 官府 1991 祿入月情 權入同福 科入機遷 忌糾巨命 53～62 運情 丁未 35 疾厄宮	主 / 弓 天馬左輔伏兵 封誥 立委勝選1992 祿入狼兄 權入月情 科入弼遷 忌纏機遷 43～52 運兄 戊申 36 財帛宮
主 太陽 / 文昌 青龍 0000 祿入廉兄 權入破疾 科入武田 忌入自化 83～92 運疾 甲辰 官祿宮	第四大運 H 總 19X7年丁酉年 33-42 附圖卅三		主 天府 / 天鉞 病符 1993 祿入武田 權入狼兄 科入梁福 忌入曲情 33～42 運命 己酉 37 子女宮
主 武曲七殺/ 小耗 0000 祿入破疾 權入巨命 科入月情 忌入狼兄 93～102 運遷 癸卯 田宅宮			主 太陰 / 文曲 病符 1994 祿入日官 權入武田 科入府子 忌入同福 生祿 23～32 運父 庚戌 38 愛情宮
主 天同天梁/ 將軍 立委勝選 1998 祿入自化 權入紫疾 科入輔財 忌入武田 生權 03～112 運社 壬寅 42 福德宮	主 天相 / 天刑 奏書 1997 祿入破疾 權入巨命 科入月情 循入狼兄 13～122 運官 癸丑 41 父母宮	主 巨門 / 轉 飛廉 1996 祿入梁福 權入紫疾 科入輔財 忌入武田 生忌 03～12 運田 壬子 40 本命宮	主 貪狼廉貞/ 天魁 喜神 立委勝選1995 祿入巨命 權入日官 科入曲官 忌入昌官 13～22 運福 辛亥 39 手足宮

附圖 33

H總一九X七、歲次丁酉年生，納巨門系、巨子族，讀者可上網找些巨門在子資料，看看是否和他類似？丁酉生肖屬雞，從酉字了女做37歲出發，推算流年斷點，算到48歲，即二〇〇四年疊宮，標示此處應有某不名譽事件。

H總於二〇〇四年曾發生一場開車撞人的A1事故，這年正值48歲。若非媒體抄家式的揭露祕辛，老莊也無從透過報導，印證大命↘沖本命及流年都指向這場車禍。H總因禍、老莊得福，輕鬆取得這段本不為人知的珍貴資料。

先前第二章的伏象聯動，曾舉例：生科對H總的重要，若非它以如來神掌般的化凶為虛驚，否則當遭遇大命↘沖本命及權◎的↘破命等雙重災殃，恐怕非僅止用金錢、緩刑可以和解此事。

若不是貪心爭位，此事理應石沉大海，再無翻騰機會。而第二個黃色R的部分，稱為大社↘沖本社，代表十年內，攸關社交、名聲、選舉乃至部屬，H總有引人非議的困境。據他自己提及12年的沉潛，應從二○○一年離開政壇，直到二○一三年北農復出為止。

而本運正標示一九九九↓二○○八的前8年，雖然頭兩年，H總仍以立委頭銜掛牌大運，但和第四、第六運的勢如破竹，可謂天差地別。由此可知大運對每個人的重要性。而本運應屬H總最黯淡的歲月。

不過那段期間，他尚能到北京攻讀博士，並在夫人故里興學，這已是尋常人遙不可及的夢想。然而熱衷政治的惡魔，始終逼得他不甘寂寞。

終於二○○六年他迫不及待重出江湖，擔任一年多的中和副市長後，又以倒扁紅衫軍副總指揮的角色去砸老同事水哥的鍋。

接著趕去參加藍天幫立委初選，過程備受攻擊，終被迫以取消資格收場。

既然已知本運有兩處危機，倘若解決，為何他的政治之路依然艱辛、乏人問津？先前大命沖本命已點出端倪，且看其他宮將傳遞出何等訊息？

通常要看官職的聘任或晉升，主要依據官祿宮的宮科及宮權。失去或降級，可參考官忌，至於官祿則遊走三化為輔，究竟是與虎添翼抑或為虎作倀？既然升或有以官科主、官權次。就簡單描述宮科、官權的局面和優劣。

以加官晉爵的格局觀察，本命官應優於大運官，而大運官則勝於流年官。因此論此生官級層次，應以本官科大於本官權，而大運科、權則大於流年科、權。也就是本官＞運官＞流官。

至於任官優劣度，以入本官入命、本官入遷、本官入疾、本官入情，至於其他入田、財次之，入父、子、福更次之。

而任官的難易度，以大運官入官＞運官入命＞運官入情＞運官入遷，至於其他入田財次之，入父、子、福更次之。至於流年，則與大運模式雷同。

至於官職失去，遵照人官模式，不過是以大運官忌入本官、流官忌入本命為先。而祿則會隨忌轉，所以單看祿毫無意義。咱們先從H總的本官B看去。

他的官祿B屬於上等偏下、比常人優異，但冗員多如綿羊毛的台灣，只能算是位不大、官不顯的結構。依照公職評比，百里侯已算是巔峰之作。

原因乃科入田、權入疾，只能視為孝之終的途徑，所謂揚名天下、以顯父母。若單純用名聲看，H總勉強算是名揚天下，但關乎顯耀父母的部分，卻僅止做了半套。若用巨子、午的石中隱玉觀，實則登高後的身敗名衰，遮羞都來不及了，還遑論其他？

H總和水哥分屬巨門子、午，在編寫本書時，原想拿他們做對照組，但出於某緣故，暫且將水哥繼續壓箱擱置，留待下一本。雖然兩人同時印驗石中隱玉；盛極後的名衰，不過單評官祿B，水哥可比H總優異許多。

無怪乎水哥位極人君九五，而H總止於百里封侯，最後還失位、落荒而逃。但細查兩人聲名，也算殊途同歸、毀譽參半。

H總如能領略一二卸甲歸田，後續尚有好彩可搏。否則師從水哥，乃以古、以人為鏡的最好警惕！

不論古今，技術官僚都必須依存科舉，通過考試，受聘、任官。如想另闢蹊蹊以執政、議員造福鄉里，得依靠選舉。可嘆近年仗勢網路、獻邪諂媚也能搏位、上達天聽，然而這類偏門反越發盛行，遠勝正統的趨勢。

以致後來選舉失利，還把官位越坐越大，官威越攀越跩，無怪乎中央諸公厚顏、競相效尤，不識品德優劣先學惡鬥，不仗義直言倒行溜鬚拍馬。

如果單論H總，透過官忌自化的執著，經由選舉拼搏上位反成異類。偏偏他的本官B宮祿、忌，雖說藏匿某些好處，但照樣驚中帶險、危如累卵。

不過光憑官祿入兄、官忌◎，也強過水哥甚多，否則水哥怎麼每逢重大選舉，均需依附對手分裂或奇招險勝，而H總可反行其道、逆向操作，甚至出奇兵、逆轉勝。

套用在選舉，社交隸屬群眾、選民，想透過選舉謀求一官半職，社交必然是唯一途徑。看H總本官B，官科映↗父、官權廕↗母，再透過官祿照耀社交，只要大運不扯後腿，必有扶搖直上機運。

特別是H總的12道宮權，除子女S、財帛T外，剩下眾城池，全數飛入我宮。即使財宮權也是入情映↗官，也等於照看官祿，難怪他的從政意念遠高一切。

再看社交K，祿能映↘命、忌卻↘損官，選民能把他推上台去，也能直接拉他下馬。原來斗數早將未來佈局完成，只等請君入甕。可是歧路亡羊，終究選錯道路。

我們再細看第五運的官Z，結構既不如本官B，且大運命T及運社R，分別藏有陰陽沖兩儀惡局。所謂龍游淺灘遭蝦戲就在此處。當落難、名聲不顯或聲名狼藉，百分百的落選無庸置疑。

況且還有許多表裡不一的同志虎視眈眈，所謂內鬥內行，似如痛打政敵般攻訐H總。這便是大社↘沖本社，令他時運不濟、備受霸凌的緣由。

本該夕惕若厲、反躬自省，卻又胡亂瞎竄、試圖東山再起，不知在最需沉潛的運數好好修身，難怪稟性浮動，以致發生吃碗內看碗外的事件。

老莊依稀記得，小時候家中曾掛堂幅，上行：「學養功成志邦國」，下則：「暇居守份待風雲」，是李普同先生所書贈與父親的。

隨著年紀漸長，有了歷練感觸，越發相信，真正的正常人是不會從政。幸好在二○○四年，投完最後一次票後就「退出政壇」，沒再進過投票所。

畢竟正常人參政，一旦選上，就開始不正常。老莊既不想助紂為虐，亦無意慫恿好人變壞，乾脆索性不投。尤其深入斗數研究，越發相信，暇居守份待風雲，是留給有風骨且具備風雲際遇的大人物，可嘆如今盡是權宦掌政、贓官同流。

然而一句莫忘世上苦人多，打中老莊軟肋，差點衍生誤判。

身為新北市民的老莊，被禿子蘇騙過一次，後來釋懷，畢竟他連大道公都敢欺，俺又算啥玩意兒。請讀者記得，一個半路拋棄競選契約，跑去謀更高職務，能整出啥好鳥。現在有幾個不錯的百里侯，希望他們能真正做滿任期，別妄動，否則又只是一名爛政客。老莊這書還沒問世，意「志」不「堅」的風城侯，竟也經不起考驗、給跑了。除了文抄公醜聞、棒球場也整得……！真是上樑蔡博士、下樑林碩士。

想起二〇〇四年又一次，肚子扁扁也要投。靠！人家一家子吃得腦滿腸肥，終於理解對岸總是說：「10個灣灣9個騙！」原來詐騙集團首腦及幫眾，一直待在台灣輪流執政。

話說事不過三，這回又差點鬼遮眼，被蓄意打動人心的口號唬住，幸好最後忍住，否則又被騙票。

先談第五運，由於該十年並非選舉的好時機，H總也沒硬幹，否則必定人財兩失。再把第四運的運盤，也放置附圖本（附圖三十三，頁254），讓讀者得以比較，看看兩張大運官的架構差別在哪？

附圖三十三，恰巧是H總的選舉藍圖。除了港都、大統領之戰，其他不管議員，立委，盡在此圖取得佳音。這三十三圖，亦是H總見龍在田的索引。從該階段的大運官R：科入月情、權入巨命，就能看出致勝的眉目。

以大運官權入命，外加伏象忌，通常會加倍衝擊對宮的遷移。尤其透過巨門的暗芒、搬弄是非，尋常人的形象、行事，也必然棒打出頭鳥，慘遭「宮」擊。

慶幸的事，遷移A有伏科設立的防火牆，況且透過爭議、漁人之利，本就是巨門系的強項。特別是巨子、巨午兩雄，不懼負面評價，就怕欠缺版面。

想想水哥、H總不都如此，即使當年在立法院，兩人時而英雄所見略同，也要刻意搞個同行相忌、文人相輕的針尖對麥芒大幹一架，若不博版面、選票又何來！

縱然第四運中大運官R（附圖三十四），存在忌入兄↗沖社的妨礙，也擋不住靠爭議、焦點的逆勢上揚。特別在H總的四運，順利取得夫人乃至娘家應援，可從另一方的伏祿看出優勢。

由於歸納時間斷點，子女S轉換大運命S的身分，那麼陰陽碰太極的影響便出現。當大運命以小忌↘沖本情大，生祿不再採用「合流」類↓↑祿的引出祿看待。

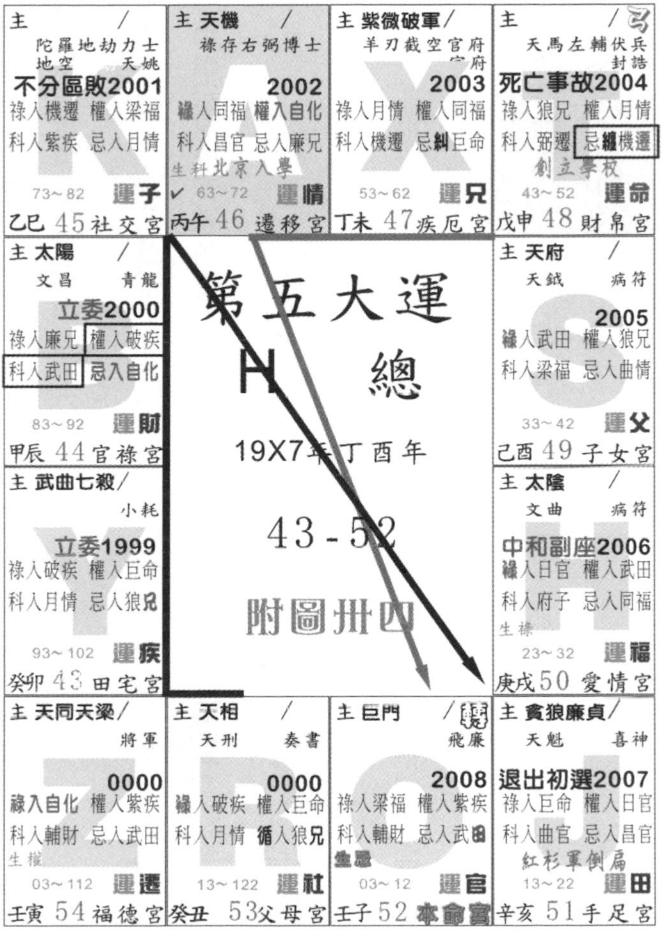

第五大運
H 總
19X7年丁酉年
43-52
附圖卅四
主 / 陀羅地劫力士 地空 天姚
不分區敗2001
祿入機遷 權入梁福 科入紫疾 忌入月情
73~82 運子
乙巳 45 社交宮
主 天機 / 祿存右弼博士
2002
祿入同福 權入自化 科入昌官 忌入廉兄
生科 北京入學
63~72 運情
丙午 46 遷移宮
主 紫微破軍 / 羊刃截空官府
2003
祿入月情 權入同福 科入機遷 忌入巨命
53~62 運兄
丁未 47 疾厄宮
主 / 天馬左輔伏兵 封誥
死亡事故2004
祿入狼兄 權入月情 科入弼遷 忌入機遷
創立學校
43~52 運命
戊申 48 財帛宮
主 太陽 / 文昌 青龍
立委2000
祿入廉兄 權入破疾 科入武田 忌入自化
83~92 運財
甲辰 44 官祿宮
主 天府 / 天鉞 病符
2005
祿入武田 權入狼兄 科入梁福 忌入曲情
33~42 運父
己酉 49 子女宮
主 武曲七殺 / 小耗
立委1999
祿入破疾 權入巨命 科入月情 忌入狼兄
93~102 運疾
癸卯 43 田宅宮
主 太陰 / 文曲 病符
中和副座2006
祿入日官 權入武田 科入府子 忌入同福
生祿
23~32 運福
庚戌 50 愛情宮
主 天同天梁 / 將軍
0000
祿入自化 權入紫疾 科入輔財 忌入武田
生權
03~112 運遷
壬寅 54 福德宮
主 天相 / 天刑 奏書
0000
祿入破疾 權入巨命 科入月情 忌入狼兄
13~122 運社
癸丑 53 父母宮
主 巨門 / 飛廉
2008
祿入梁福 權入紫疾 科入輔財 忌入武田
生忌
03~12 運官
壬子 52 本命宮
主 貪狼廉貞 / 天魁 喜神
退出初選2007
祿入巨命 權入日官 科入曲官 忌入昌官
紅杉軍倒扁
13~22 運田
辛亥 51 手足宮

附圖 34

於是大命S的宮忌，把原先要↘沖官的動作，透過伏祿將其減壓，再把更大映的能量，灌頂加持到官祿B中（大命S↓H＋伏祿映↘沖官）。

他的官運彷彿佛光普照，伏祿既消弭了大命忌所發出的小狀況，自然有了轉危為安、先凶後吉的基礎，外加夫人的精神及經濟挹注，事業的蒸蒸日上想當然爾。

短短十年，從一九九〇年議員勝選，接著一九九二年、一九九五年和一九九八年無役不贏。相信H總也沒料到，原來斗數竟把他的人生擘劃得如此清晰。

若非透過運盤，無從把幾個階段舉證透徹，所以斗數運盤，彷彿破解人生密碼般令人茅塞頓開。

然H總整體運盤，不如老K穩健，況且年少得志、風發十年一過，更換第五大運，H總便後繼乏力身價暴跌，從一名風光立委，竟慘到連初選都過不了。

到了二〇〇一年只能眼巴巴被藍天幫敷衍，閒置在第33名不分區不如歸去的遙遠名次，落選，只是時間問題。

打從一九九〇年議員後，一路開紅盤挺進中山南路蟬聯三屆立委，H總最終只能黯然離開那輝煌又骯髒的黑金時代。但他仍然不知，打敗他的，其實是第五大運的捉弄。（待續）

範例七（下） 驚鴻一瞥

四年一度的宮廷亂鬥尚未開打，暖身賽就如火如荼地廝殺，二〇一九真是個張飛打岳飛的一年。

當失聯幫眾老K受賜榮譽狀，以夢境先聲奪人宣讀：「奉聖母懿旨參加初選。」幻境式的鬧劇一拉開序幕，還以為藍天幫又回到威權時的黨國？這低俗、幼稚的舉動，依然震撼了剛拿到打狗棒的港都侯。

擔心十月圍城生變，H總為奪虎符爭取大位，遂狠心拋棄港都百姓、帶兵北漂，去逼藍天幫主的宮。豈料私心自用的幫主吳老吉，知悉醞釀幾十年的春秋大夢，已無力回天，於是兩手一攤、甩手當個無事掌櫃。

枕戈待旦已久的朱前幫主，和立院失勢的王閣老，雖肖想豬肝骨已久，卻見H總與老K的水火爭鋒、苗頭不對，決定不淌渾水假意遁走。可笑的是，原想趁火打劫，以財挾令、號天下的霸主老K中箭落馬，便鐵了心的不幫港都侯。

當願賭不服輸的老K，向幫內怒聲道了句：迂腐，便離幫叛逃。流浪期間傳出，考慮商借橘子幫楚爸王門票，倒打藍天幫一耙，接著又和天龍府尹柯P，不避嫌的眉來眼去。藍天幫就在眾長老、盟友的扯後腿下，完成第N次分裂。

至於綠地派內鬨，雖不如藍天勁爆，卻也著實精彩。前府城侯賴神，被半強迫地拱上行政閣充當傀儡，期間失誤連連，卻無意共負政策惡果，為求自保，竟背棄菜伯士提攜，趁綠地諸侯敗選之亂，冷不防地掛印、封金、卸下閣揆。

隨後以新系大阿哥聲勢，不顧政治倫理，率府城舊部密謀顛覆政權。身兼綠地派掌門的菜伯士，豈是浪得虛名，既然已知賴神叛變，便不再虛偽相待。

直接糾結立院護法挪移民調，數度以推委、拖延、拉攏的推拖拉戰術，半威脅地又將賴神拉回身邊、死生共體。賴神篡位未果反成客卿，回頭再想當個庶民已求之不得。菜伯士懷恨又命人持府主令，欲封賴神為副府丞。

賴神仰天抑鬱、不敢不從，被迫再次接受明升、暗降指令，化身賴副，端坐冷衙門、圈禁總督府。

唉！老莊又瞎扯了，繼續看盤去。先前製作的兩張大運盤比較，是讓各位知道關鍵的大運對人生有多重要。如今請閱讀**附圖三十五**，本篇將介紹H總，如何強勢回歸的第六運。

既然已知官職的升降有無從大運官科、權著眼，就直接往大運官看。諸位一瞧，理應發覺到，H總此時的大運官J可謂滿堂彩！除了宮祿入命O，其餘科、權、忌，可全都偕行入本官B呀！

當綠地派做出「搶菜攤」的狂妄決定，順勢把H總沉睡已久的大運官給激活，一場大鬧天宮的氣勢，讓藍天幫從原本的6席縣市，逆襲開闢出14座城池。

難怪當時「丟了江山」的閣揆，去職後還道出：「H總是百年難得一見的政治奇才。」可見二〇一七年的諸侯戰役，經由H總的參與，變成六比十四的懸殊起伏。

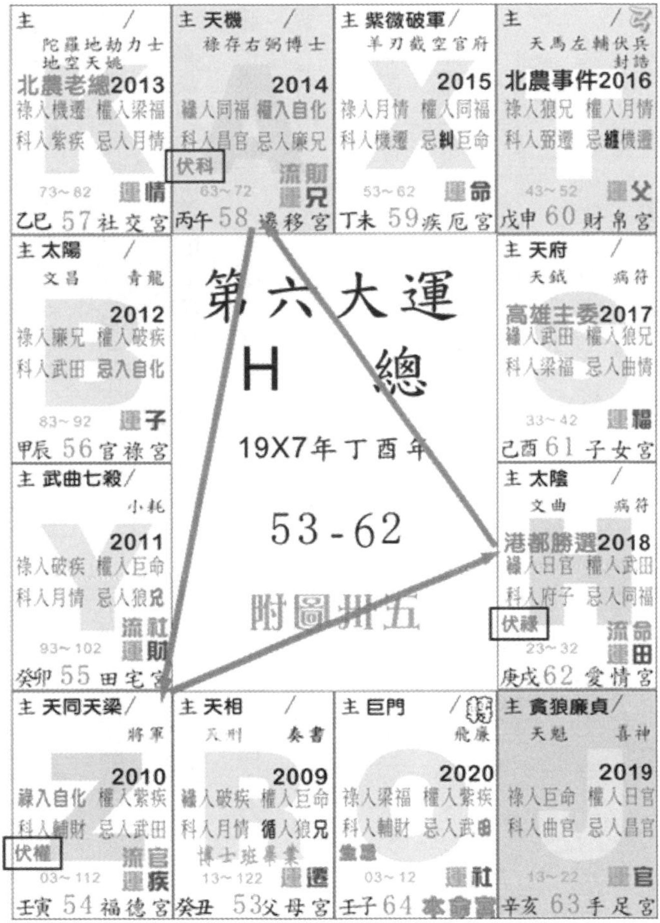

主 /
陀羅地劫力士
地空天姚
北農老總2013
祿入機遷 權入梁福
科入紫疾 忌入月情
73~82 運情
乙巳 57 社交宮
主 天機 /
祿存右弼博士
2014
祿入同福 權入自化
科入昌官 忌入廉兄
伏科
流財
63~72 運兄
丙午 58 遷移宮
主 紫微破軍/
羊刃截空官府
2015
祿入月情 權入同福
科入機遷 忌入巨命
53~62 運命
丁未 59 疾厄宮
主 /
天馬左輔伏兵
封誥
北農事件2016
祿入狼兄 權入月情
科入弼遷 忌入機遷
43~52 運父
戊申 60 財帛宮
主 太陽 /
文昌 青龍
2012
祿入廉兄 權入破疾
科入武田 忌入自化
83~92 運子
甲辰 56 官祿宮
第六大運
H 總
19X7年丁酉年
53-62
附圖卅五
主 天府 /
天鉞 病符
高雄主委2017
祿入武田 權入狼兄
科入梁福 忌入曲情
33~42 運福
己酉 61 子女宮
主 武曲七殺/
小耗
2011
祿入破疾 權入巨命
科入月情 忌入狼兄
流社
93~102 運財
癸卯 55 田宅宮
主 太陰 /
文曲 病符
港都勝選2018
祿入日官 權入武田
科入府子 忌入同福
伏祿
流命
23~32 運田
庚戌 62 愛情宮
主 天同天梁/
將軍
2010
祿入自化 權入紫疾
科入輔財 忌入武田
伏權
流官
03~112 運疾
壬寅 54 福德宮
主 天相 /
天刑 奏書
2009
祿入破疾 權入巨命
科入月情 忌入狼兄
博士班畢業
13~122 運遷
癸丑 53 父母宮
主 巨門 /
飛廉
2020
祿入梁福 權入紫疾
科入輔財 忌入武曲
03~12 運社
壬子 64 本命宮
主 貪狼廉貞/
天魁 喜神
2019
祿入巨命 權入日官
科入曲官 忌入昌官
13~22 運官
辛亥 63 手足宮

附圖 35

再把時間往前挪到二〇一三年，失勢已久的H總，接受雲林前縣長委託，進駐北農擔任菜販老大。就在他57歲任職賣菜郎時，老K已在56歲榮登首富。而閒雲野鶴的菜幫頭子H總，晃眼一去四年光陰，早把雄心快磨光了。

本來乏人問津的北農一職，只是政治分贓的渣滓，但自從綠地派重新掌權，憶起前掌門水哥一家吃到吐。當第二次上台且完全執政後，力行吃光抹盡的焦土政策。否則一旦又被輪替，何時才能扯開肚皮、盡情的吃。

為貫徹寧錯殺、不放過，縱使荒陌如邊陲的北農，也要刮出點油。豈知北農在H總整頓下，已油水滿溢、不撈可惜，綠地層峰遂派人勸退H總，望他識相轉職。孰料適逢中秋陰錯陽差，老總沒走成，董座竟遭拔官。

這下子打亂坐地分贓的章程，綠地派段家分舵一怒，會合由立委回鍋議員的前同事打手王，欲從天龍議會痛宰H總。孰料！這禿子何許人也？竟是當年大鬧立院的前立委，連總督前府主水哥，也曾遭他飽以老拳。

這將軍不成反被將，H總一拿出出棍球，殺得段、王兩顆渾球措手不及、片甲不留。經由網路傳播，H總的雄心竟被激起，魂縈夢牽的練兵機會似乎浮現。

可憐的是，時空環境已不如三十年前，當時選民眼睛長在臉上，窮小子想翻身，勤快點必有拼搏機會。如今別說翻身，想參選公職，不先準備銀彈，怕是連當炮灰的資格都沒有。

現在很多選民，若非眼睛放到口袋，就是擱在家裡沒帶出門。想要參選，先要有錢，再學吸睛，若無網軍，要沒良心，若有良心、肯定傷心！記得口訣學好，選不上，也有機會當大官的。

不知是藍天幫主吳老吉歪打正著，還是有意為之？把當時同為競選幫主的對手H總，發配到打狗分壇。可這一去非但缺錢、缺糧，還缺人。

身為前任港都侯的吳老吉，還意有所指下達命令，希望H總替他討回面子，親征港都。

原來被綠地派佔領數十載的港都，竟是吳老吉當年浴血戰敗的失守駐地。就斗數理解，選舉要看官祿，現實點還得仰仗金錢！於是需要瞭解大運兄A和大財Y，在共參下，這後勤的銀彈、糧草的供給，才知道如何成行。

就大運兄、財的宮化，若放在二〇一八年前，並不好理解。從大兄A入福（A↓Z映↘Y），代表現金需仰仗智慧及財務管理。又從大財Y祿入疾（Y↓X映↘B），透露財務收支，要依靠H總的身體力行，不過可找夫人先商量商量。

但兩處運忌均同時指向「↓兄J↘沖K社」，也就是說，要找些知己好友調度，但終會損及社交K。顯示這個階段，H總就是個討債鬼。

不過離奇的科，後續竟可以達到官、情互映，也就是說，一旦有當選機會，將透過盈餘，庇蔭愛侶及事業。

由於H總離開政壇，早無群眾基礎，社交群除了北農菜販，所謂的達官貴人幾乎失聯。若想重新跨入政壇，資金缺口只能硬著頭皮先找情之疾的夫人調度。

由於三七為朋，這七朋的情之疾，自然歸屬夫人的隱身情位，表示初期資金籌措，必源自夫人挹注、墊付。

然港都幅員遼闊亦屬第二直轄，更是藍天荒漠，光靠夫人支援恐怕杯水車薪、緩不濟急。現在既無知己亦無好友，他只好北上向幫主告急、哭窮，只是這動作，意外殺出一條坦途。

當運盤只有大運官J的天時，而無其他，就要再藉由大運財Y，瞭解經費概況。其中宮祿、忌雖有夫人但書，但卻是他和夫人雙方一入、一沖的收支搭配，除了無法平衡也撐不了多久。

然而兄、財兩宮科，卻藏著入官、情伏筆。如果科情的夫人能夠出人又出錢，那麼最終的收入又將從事業回流。

當H總向窮得連黨工薪水都快發不出的藍天幫總壇發難，新聞媒體爭相報導，這項莊舞劍的刻意舉動，再度躍上熱門版面，也引起某一方人馬的關注。自此殺敵三百，損己一千的寒家鐵騎，莫名其妙的聚攏、成軍。

選舉除了錢，更需要有群眾基礎，這位置自然落到社交宮。從大運社O看起，祿入梁福映↘財、科入輔財映↘福，這祿、科的貴人兩處，竟順利地從財、福兩端空中交映，也就是錢和人的部分都有著落。

運兄、財忌的↗沖位，皆屬於社交鬆動；把金流捐輸、獻出的方位，當社交基礎遭到↗沖損，而選民便屬選舉方的貴人，可藉由左輔捐輸入財，而社交祿也會透過天梁庇護映↗財。

當H總故意北上喊窮，透過媒體渲染，自然相得益彰。一碗滷肉飯、一瓶礦泉水果然奏效，近1億3千萬的贊助，從各地雪花般飛來。再按照票數補助、扣除支出，光靠選舉，H總既創造事業，又有約莫現金4100萬入帳。

難怪無法做生意的爛格局，也能另闢蹊徑，靠選舉收進大把銀子，所謂升官發財、發財升官應是如此。

只是若缺乏這股魅力或欠缺運盤響應，選舉遊戲多數人還是玩不起。最有名的莫過寶島歌王葉、綜藝大哥余，一個已傾家蕩產，退出政壇，另一個還在享受光環，繼續變賣家產。

從H總的兄科入官、運財科入情互映下，說明一個道理，唯有依靠選舉，才能達到空手套白狼的不缺錢境界。而符合幫忙入帳的星主狼、廉，就是人緣、桃花的代表。

既然天時大運官有了，地利選舉經費不缺了，就等著看流年人和（H和Y），替他做出何等貢獻。果然二〇一八年的流年H、流財A和流官Z，各自聯合成一個紅色三角框，明眼人一看就知道，不得了囉！「三奇嘉會」。

這種祿、科、權各佔命、官、財一角的特殊格局，表示命主志向遠大、運氣奇佳，可得意外好運及貴人相助。

若用先前運盤，套用並觀看H、A、Z的流年，可以察覺，只要是三角流年的當選或任官率都特別高。這便是老莊用顏色區隔的緣故，目的是讓讀者能夠輕鬆對照。

然而三奇嘉會格局頗大，須有大際遇或大氣運支撐，方能魚水互幫。如果氣運不足，即便有優良格局加持，也是曇花一現、轉眼即空，甚至懷才不遇多矣。

再者流社Y，還存在很有趣的寓意，既然權能映↘遷、科能映↘官，必能得到選民認可、高票當選。果然二〇一八年賣菜郎成為風雲人物，以15萬票差距，終結港都綠色王朝。

不過從流社忌中發現，流社忌↗沖本社特殊狀況（流忌Y↘沖K）。表示，即使順利當選，唾棄他的還是多如牛毛。這點可以從當選後，打狗議員依然用兩套標準，沒完沒了的死纏爛打得到印證。

而當年喊得震天價響的黨、政退出媒體，怎都全部復辟？連全台最沒文化的假文人，都能勝任文化部老大，最終打落水狗超強的偽暖男，憑什麼不能抱隻貓繼任打狗男「爵」。

嘆只嘆當權派墮落，連假借新聞自由的業主、從屬，跟著自甘墮落。當譴責香港蘋果被封，髒兮兮不也靠換照，變相封鎖監督政府的新聞台。卻很少聽到其他同業為新聞自由譴責，這一言堂眾，早晚兔死狗烹。

遺憾的是H總復出太晚，否則光憑第六運的選舉機器，簡直遇魔殺魔。老莊雖不喜歡他的投機，但港都小內閣實屬頂尖。可惜在地百姓為厭惡一人，放棄能用心經營市政的優質團隊，也算是行使罷免權利下的遺憾。

既然第六運這麼威猛，又怎會慘敗於菜伯士手下？難不成菜伯士真是武則天坐天、橫掃千軍？先賣個關子，請讀者細查運盤就能理解。如果看不出來，便和老莊犯了同樣低級錯誤。

敗選看似在二〇二〇年，其實應以二〇一九年作數，先不管是亥豬或子鼠，H總都已63歲，如果還不明白，就是代表第六運該換成第七大運了。當時老莊並不像本書附圖，既區分大運又標示公元，導致不察二〇一八年已是第六運的最後一年。

既然替換大運，那原先大運官的優勢自然不存。不過先說明，為何H總此生最棒的一張運盤，卻僅僅發揮了二〇一七年的一年效果？

從本官B看科、權本不強勢，而沉寂已久的H總，又受制第五運的牽絆，導致安穩人生雖未必是志向，不過卻是夫人殷切期盼，從大運父T忌入遷↘沖命O可見端倪。

再從大運的福S的忌入情↘沖B官，也屬於H總念及夫人而做出耽誤事業的判斷。主要也應驗了初始命盤中，那個愛情宮，其實是H總此生事業最大的隱形殺手。

H總前後念了近8年的博士，二〇〇九年畢業返台，卻直接困守雲林。對習慣驛動的H總，隱忍5年實屬不易，當手握北農聘書，必有龍游大海時的痛快感。

最重要的來了，就是範例六，一直沒討論的伏忌和權◎。先前只說明過伏祿、伏科的逢凶解厄，可是造成大劣勢的伏忌，還有屠殺對宮↘破命的權◎，卻和H

總一樣，早就蠢蠢欲動。

H總的人生除黃金四運，其餘各期幾乎處於失勢。老莊也沒必要把伏忌和權◎，特別提出來說明。然而觀察第六運的大命X，正是唯一讓忌入本命O，且讓伏忌發揮最大負能量的所在。

既然X身兼大運命，外加上伏忌↘沖本遷A，便無限地擴張H總的退縮、伏隱、以靜制動。不管任一大運，動如脫兔的H總總是浮動。

從碩士畢業，工作一個接著一個換。當選議員、立委，勤跑基層、三教九流，外加能喝能玩，當人生輝煌時動得可厲害。即便身處徬徨的黑暗期，也能從台灣奔到北京，半路經商、創辦學校無所不動。

可到了第六運，應該動的卻不動，反倒先圈禁在雲林五年，接著又去北農乾耗四年，而他似乎也不再漂流、妄動，只剩下禿著頭的腦袋照舊不停歇。

瞧他競選時或當上市長後，那種野兔子亂蹦的模樣，就像個過動兒，拼了命的躁動。終究已被大環境軟禁了十幾年，光在53－62就蹉跎了九年之久。

只是他渾然不知，這第六運才是他真正的鑽石期，足以讓他在政壇締造佳績、大展拳腳的十年。可惜大運命、福、父，控制了他的思維、身體，特別是過去的失敗經驗，讓他不敢動。

直到被逼得忍無可忍、無需再忍，這一動果然驚天動地。只是時間一耽誤，難得的大運官已經蹧蹋了九年。當二〇一七年的迴光反照，把他推往人生最高殿堂，卻讓他誤判這末路頂峰乃是假象，錯認港都也只是讓他魚躍龍門的跳板。

寒家軍也被他的熱情攪得盲動，認為美好革命時機已然成熟，殊不知應終日乾乾，夕惕若厲才是無咎的關鍵，卻任由自己扭乾轉坤，選擇龍戰於野。

唯有一縷殘魂的躍龍，才曉得末路將近，於是用盡無奈沉悶龍吟，將所剩無幾的力量，一舉將H總推上巔峰。但深受假象矇騙的H總卻是癲瘋，以為真在晚年看到光明，看到榮登九五的希望。

所謂過了這村、沒這店，必須再製作一張附圖三十六，重新解盤。照舊從大運官看起，若延用先前二〇一七年方式，大家一定又看到，那熟悉的三奇嘉會，就立在七大運的大官上。

既然先前三奇在流年，威力僅止一年，便能將H總推上港都侯，如今這十年運的三奇；莫不是天下無敵？若用此方向理解，似乎並無不妥，只是當前這大運官格局，卻潛藏極大不穩定的變數。

原先的三奇，乃隸屬於情、遷、福之中，而非命、財、官轄下，也就是說，這大運命、財、官中的三奇，只是借殼上市的偽三奇。要細查大運命、財、官的實力，能否撐起或發揮這偽三奇，否則它只是花瓶，好看而已。

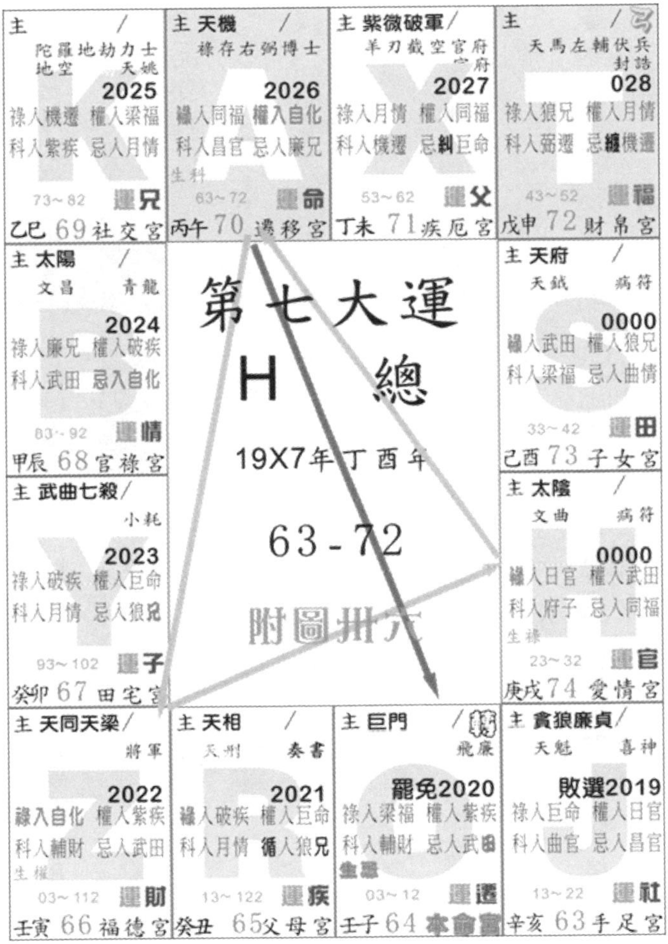
主 /
陀羅地劫力士
地空 天姚
2025
祿入機遷 權入梁福
科入紫疾 忌入月情
73~82 運兄
乙巳 69 社交宮
主 天機 /
祿存右弼博士
2026
祿入同福 權入自化
科入昌官 忌入廉兄
生科
63~72 運命
丙午 70 遷移宮
主 紫微破軍 /
羊刃截空官府
2027
祿入月情 權入同福
科入機遷 忌入巨命
53~62 運父
丁未 71 疾厄宮
主 /
天馬左輔伏兵
封誥
028
祿入狼兄 權入月情
科入弼遷 忌入機遷
43~52 運福
戊申 72 財帛宮
主 太陽 /
文昌 青龍
2024
祿入廉兄 權入破疾
科入武田 忌入自化
83~92 運情
甲辰 68 官祿宮
第七大運
H 總
19X7年 丁酉年
63-72
附圖卅六
主 天府 /
天鉞 病符
0000
祿入武田 權入狼兄
科入梁福 忌入曲情
33~42 運田
己酉 73 子女宮
主 武曲七殺 /
小耗
2023
祿入破疾 權入巨命
科入月情 忌入狼兄
93~102 運子
癸卯 67 田宅宮
主 太陰 /
文曲 病符
0000
祿入日官 權入武田
科入府子 忌入同福
生祿
23~32 運官
庚戌 74 愛情宮
主 天同天梁 /
將軍
2022
祿入自化 權入紫疾
科入輔財 忌入武田
生權
03~112 運財
壬寅 66 福德宮
主 天相 /
天刑 奏書
2021
祿入破疾 權入巨命
科入月情 忌入狼兄
13~122 運疾
癸丑 65 父母宮
主 巨門 /
飛廉
罷免2020
祿入梁福 權入紫疾
科入輔財 忌入武田
生忌
03~12 運遷
壬子 64 本命宮
主 貪狼廉貞 /
天魁 喜神
敗選2019
祿入巨命 權入日官
科入曲官 忌入昌官
13~22 運社
辛亥 63 手足宮

附圖 36

看看大官祿H，由於現今是伏祿而非生祿，不好直接套用引出祿的敗局理解，不過大官H的類自化祿，已受到本官B的自化忌反彈，既得不到B映的作用，反而形成一股另類大官沖本官的磁場（H↓B◎↘沖B）。

況且對宮B，已造成一處大官情↘沖本情的惡局。回憶看看，當H總參加二〇二〇年的府主大選，形象佳的夫人，不到一年，就被打造成貪權、貪錢的後宮干政。期間還挖出不少娘家，乃至擔任議員時的濫權、特權傳聞。

雖然大官H有伏祿，但必須等到事件發生後，才會經由伏祿進行化解。也就是說，該被打擊的過程終要發生，而且要到最後，才能獲得伏祿修補。

所以二〇二〇年充當綠地攻擊手的多家媒體，很多都是從夫人方切入，甚至不斷傳出H總伉儷失和的消息。再者大運官H內的科、權，已換科入府子、權入武田的組合。擺明就是要他們兩人卸甲歸田、孕育英才的格局。

然而兩次選舉留下的結餘款，足以讓H總不用再被動接受夫人餘蔭，自己也可以當個小小富家翁。至此第七運的大官，已無法承受三奇嘉會能量，更遑論發揮。

莫忘先前的大運官，可足以讓H總獲得政治奇才殊榮，雖然僅止一年，卻也暢快淋漓、聊勝於無。如今七運的大官，充其量只能保平安。如果硬要逞強，可是會把先前入帳的款項，一股腦兒地吐回去。

再看大運命，與其說六運被伏忌；逼得不敢亂動，而第七運則是被伏忌挑起；不知所以的躁動。大運命A有伏科，意謂要他當個穩重貴人，然而大遷裡的伏忌，卻不是這樣想，甚至它很想把大運命裡的權◎勾引出來。

先前的A權◎姑且不管，但此時的權◎，屬於陰陽破太極＋陰陽破體的雙重組合，原因就在它位於本命O的對宮，大運命↗破的可是本命！

還記得猴腮雷那個令妻妾財紛飛的權◎嗎？抑或關鍵時就殺得老K措手不及的權◎。若用紫微運盤詮釋，傷害H總最深的，並非二〇二〇的年大選失敗，而是被港都市民罷免。

記住斗數論盤均以陰曆計，而府主大選理應算在豬年的二〇一九年而非二〇二〇年。畢竟罷免才是契合在二〇二〇年身上。所以當二〇二〇年的流年來臨，便是流年64歲的公元年，H總被對宮A的權◎炸得一塌糊塗，以致從有到無，再返回平民原點。

再返回二〇一九年的大選時間，若以流命J及流官Y看，是非常棒的，不過若以大運積分來看，先前因為運官強＋流年強，而本次是運官弱＋流年強，所以光憑流年的運勢，遠遠不夠。

況且大運父X，因為入命O遭受伏忌帶往對宮的沖遷A，導致二〇一九年的流父，處於伏忌↗沖遷，且被對宮權◎↗破命的地方。

再也看不到夫人、女兒強力支援，反倒是夫人身陷負面評價而掉粉，女兒亦在生命受威脅下不敢助選。

只是為何藍天、綠地的造勢場，仍出現嚴重落差？畢竟第七運盤的大運社，本就屬於第六運的大運官。當大運社交受到鼓舞，才營造熱烘烘、場場爆滿的氣勢。反之被罷免時，想投贊成票的選民，不也是熱烘烘的場場爆滿？

當H總處於夕惕若厲的第五大運時，沒看到省悟，反而嘗試在舊根據地餘燼復起。由於先遭遇不良五運限縮，又受困第六運的大命、父、兄制約，在多重干擾下，自然不再放手一搏。

幾乎滿腦子想隱身北農致仕、勉強退休，若非在天龍國議會那場盛況空前的質詢，豈有風華英姿再現的機會。雖然六運的大運官，最終風光的把H總推上港都侯，卻也讓他誤判情勢。

除了無知成為二〇一九年的亢龍有悔，甚至數月後被港都百姓掃地出門。這無論易經乾卦的或躍於淵，抑或坤卦的龍戰於野，本就是一處非常尷尬的選擇，乃是從政、經商者最必須學習的難題，要嘛維持現狀，要嘛更上層樓。

可是誰都沒認真想過，豪賭後滿盤皆輸的結局乃是一無所有。當H總勾勒「躍」而非「惕」的選項，就已經輸掉運盤、輸掉民心。既無法榮登飛龍在天的九五境界，更配不上亢龍有悔的覺悟。

所謂盈不可久也、物極必反，所以先前的二〇二〇年六月，遭義民反撲，丟盔棄甲，若不清楚自己錯在何處？還癡心妄想重掌兵權，恐怕日後會摔得更碎。

有人說H總太貪心了，令港都百姓對他的背信棄義做出懲罰，但假使H總真的沒爭選過大統領，在藍天、綠地惡鬥下的政客、媒體及網軍，真能放過他？

所謂命裡有時終須有，同樣的，命裡無時，你我真能懂得放下、不求？感謝您的閱讀。

國家圖書館出版品預行編目資料

紫微斗數運盤解盤密法 / 莊正文著.
——第一版——臺北市：知青頻道出版；
紅螞蟻圖書發行，2022.09
面； 公分——(Easy Quick；189)
ISBN 978-986-488-231-1（平裝）

1.CST：紫微斗數

293.11　　111013158

Easy Quick 189

紫微斗數運盤解盤密法

作　　者／莊正文
發 行 人／賴秀珍
總 編 輯／何南輝
校　　對／周英嬌、莊正文
美術構成／沙海潛行
封面設計／引子設計
出　　版／知青頻道出版有限公司
發　　行／紅螞蟻圖書有限公司
地　　址／台北市內湖區舊宗路二段121巷19號（紅螞蟻資訊大樓）
網　　站／www.e-redant.com
郵撥帳號／1604621-1　紅螞蟻圖書有限公司
電　　話／(02)2795-3656（代表號）
傳　　真／(02)2795-4100
登 記 證／局版北市業字第796號
法律顧問／許晏賓律師
印 刷 廠／卡樂彩色製版印刷有限公司
出版日期／2022年9月　第一版第一刷

定價 280 元　港幣 94 元

ISBN 978-986-488-231-1　　Printed in Taiwan